꺾이지 않는 마음

꺾이지 않는 마음

초판 1쇄 발행 | 2024년 11월 8일

지은이 | 황규관

펴낸이 | 황규관
펴낸곳 | 마음디자인
출판등록 | 2024년 5월 7일 제505-2024-000008호
주소 | 55342 전북특별자치도 완주군 삼례읍 동학로 8
전화 | 02-848-3097
팩스 | 02-848-3094

ⓒ 황규관, 2024
ISBN 979-11-987934-1-6 03800

* 이 책의 내용의 전부 또는 일부를 재사용하려면
  반드시 지은이와 출판사 양측의 동의를 받아야 합니다.
* 책값은 뒤표지에 표시되어 있습니다.

황 규 관
산
문
집

꺾이지 않는 마음

기후위기, 예술, 생명

책을 펴내며

또 한 권의 책을 내면서, 이런저런 군말을 붙이는 것이 마냥 흔쾌한 것은 아니지만 관례상이라도 이 책을 읽는 분들께 예의를 취하기로 한다.

이 책은 지난 산문집 『문학이 필요한 시절』 이후로 쓴 글들을 모은 것이다. 잊을 만하면 찾아오는 청탁 글과 일간지에 정기적으로 기고하게 된 칼럼, 그리고 모임을 위해 메모해놓은 발제문을 조금 다듬어 함께 묶었다. 그중에서 서평이나 문학평론에 가까운 글들, 칼럼 원고 중 시의적인 글들은 제외시켰다. 딴에는 책의 꼴을 위한 것이었다. 그럼에도 불구하고 어떤 주제들은 반복되며, 읽는 이에 따라서는 같은 말의 되풀이로 느낄 수도 있을 것이다. 하지만 아무래도 여기까지가 내가 가진 역량이자 한계이며, 무지의 드러남이다. 그리고 언제나 시든 산문이든 마지막 문장에 마침표를 찍고 나서 드는 감정은 이런 것들이다.

질 들뢰즈는 "글을 쓰게 되는 것은 오로지 앎이 끝나는 최전방의 지점에 도달할 때이다"라고 한 적이 있지만, 내게는 글은 어떤 무정형의 앎에서 시작되어 결국 앎의 끝과 무지의 초입에서 끝난다는 경험이 있다. 무지의 어둠 앞에서 글이라는 로고스는 무력하기만 하다. 만약 더 깊이 들어간다면 그것은 광기이거나 자기기만이거나 환영일 것이다. 차라리 눈앞의 어두운 무지를 끌어당겨 기왕의 앎을 덮고, 앎마저 어두컴컴하게 하는 것이 낫겠다는 생각을 하기도 했다. 이게 글을 쓰는 자의 자의식에 관한 것이라면, 이미 써진 글이 세상에 나가 무엇이 될 것인가는 다소 실천적인 층위의 문제다. 지나치게 자의식에 매몰된 글쓰기나 또는 자의식이라는 그림자마저 모른체하는 정념적인 글을 나는 경계해왔다. 글이라는 것은 본질적으로 자기 자신과의 대화이면서 동시에 현실과의 대화이니까.

이 책에 모인 글들은 거의 다 내가 살면서 절감한 구체적인 문제로부터 시작됐다. 더 솔직하게 말하면, 문제 '의식'이 아니라 나름 심각한 실존적 위기감 속에서 쓴 것들이다. 나이가 들면서 점점 바깥으로 나아가 구체적인 행동을 하는 것에 두려움을 갖게 된 나 자신을 보게 된다. 그러다 보니 '방안퉁수'처럼 글에다 의존하게 되고 자신의 글에 가볍지 않은 역할을 강제하는 병까지 든 것 같다. 이런 심리를 무어라 부르든, 혹은 다른 이들이 어떻게 평가하든 이제는 크게 개의치 않는다. 이게 혹독한 출판 상황 속에서 염치없이 세 번째 산문집을 내는 이유다. 하지만 나 자신에 대한 정보나 개인사는 크게 기대할 게 없다. 자기 고백투의 문장이나 글들이 기질상 맞지 않기도 하고 개인사를 공개적으로 미주알고주알 드러내놓고 싶지도 않지만, 실제로는 그렇게 유의미한 이야기들도 없다.

읽기 힘들다는 일부 독자들의 항변을 모르는 건 아니나, 바둑이가 어느 날 갑자기 흰둥이나 검둥이가 될 수는 없는 노릇이라는 평소의 혼잣말을 여기에 옮기는 것으로 갈음할까 한다.

끝으로 두 분의 동무와 짧은 대화를 나눈 글을 마지막에 실은 것은, 함께 공부하면서 미처 나누지 못한 이야기들이 있어서다. 김권식 씨는 현재 〈공부 모임 '들'〉을 함께하는 오랜 동지이고, 황섬 씨는 올해 봄에 '『비극의 탄생』 읽기 + 글쓰기' 모임을 같이 했던 분이다. 부족한 면이 많은 시도일 텐데 흔쾌히 응해주셨다. 감사를 드린다.

2024년, 이제는 늦가을. 황규관

차례　　책을 펴내며 · 5

제1부
인공지능 시대의 예술

예술의 일 · 15
인공지능이 예술을 창작한다고? · 20
인공지능 시대의 예술 · 27
스스로 새로워지지 않는다면 · 31
책 읽기는 김매기다 · 35
예술가는 그리고 또 그린다 · 42
우리에게 꽃을 바치는 어두운 '틈' · 48
정지의 힘 · 59
노벨 문학상의 너머 · 63
자신과의 대화로서의 소통 · 67

제 2부
──────────────── 서 로 돕 는 고 르 게 가 난 한 사 회

기후위기와 회복의 언어 · 81

자연, 자유를 위한 조건 · 90

경제 민주화와 자연의 권리 · 102

코로나가 묻고 있다 · 112

놀람과 설렘 · 121

빼앗긴 밤에도 별이 빛날까 · 125

김종철과 '고르게 가난한 사회' · 129

디지털이 우리의 미래일까? · 133

'불의 시대'를 넘어서 · 137

우리의 봄은 여전히 아프다 · 141

자동차의 속도에서 생명의 속도로 · 145

다나카 쇼조의 삶과 생명사상 · 149

제3부

꺾이지 않는 마음

다시 민주주의를 생각한다 · 163

서울을 위하여 · 167

농업 없이 '선진국' 없다 · 171

평화는 지키는 것이 아니라 '사는' 것! · 175

'죽을' 고비를 '함께' 살기 · 179

더 적게 갖는 민주주의 · 183

복사씨와 살구씨와 곶감씨의 세계 · 187

그린벨트 해제는 민주주의의 해제다 · 191

'이따금씩'이 만드는 민주주의 · 195

꺾이지 않는 마음 · 199

사이버레커들의 서식지 · 203

치통 · 207

시골 병실에서 · 212

청년 노동자여, 연대하라! · 216

제4부
———————————————————— **김 종 철 공 부**

생명의 문화와 민주주의 · 223
'고르게 가난한 사회'와 시인의 큰 마음 · 237
리비스의 비평과 김종철의 비평 · 249
녹색국가를 향한 더 많은 민주주의 · 256

에 필 로 그
———————————————————————— **대 - 화**

인공지능과 예술, 그리고 '시인의 큰 마음' · 271
글쓰기의 욕망에 대하여 · 280

인공지능 시대의 예술

제
1
부

예술의 일

얼마 전 어릴 때 잠깐 살던 곳을 다녀왔다. 아홉 살 무렵, 우리 집은 마을에서 유일한 초가집이었고 전기가 들어오지 않아 호롱불을 켜고 살았다. 짧은 시간이었지만, 그 시간이 온몸에 새겨진 느낌이 남아 있었다. 마을은 많이 바뀌었지만 달빛도 없는 칠흑 같은 밤에 돌담을 더듬어 가던 구부러진 길은 그대로 남아 있어서 얼마나 반가웠는지 모른다. 우리가 이사하고 나서 그 집이 헐렸다는 이야기는 들은 기억이 있는데, 그 자리는 이제 조그마한 밭이었다. 그때도 높던 산들은 여전히 높았고, 마을은 어릴 때보다 더 깊은 느낌이었다.

그 산골 마을을 떠나서는 들판과 강이 있는 곳으로 갔는데, 지금 그 들판에는 도로와 학교와 이런저런 건물들이 들어서 있다. 그러니까 영혼이 말랑한 유소년기를 내와 산과 들과 강과 함께 차례로 살아왔다고 해도 지나친 말은 아니다. 이후 10대의 마지막과 20대 중반까지는 거대한 공장 도시에서 지냈고 얼마 안 있어 서울로 와 지금까지 살아온 것인데, 유감스럽게도 나는 아직도 서울살이에 잘 적응하지 못하고 있다. 다행히 지금 사는 곳 가까이에 있는 냇물을 건너다니면서 계절 따라 달라지는 풍경과 새들과 물고기들의 몸짓을 가까이에 두고 지내고 있다.

제주도와 친해진 것은 10년 쯤 된 것 같다. 강정마을의 구럼비를 파괴하고 해군기지를 짓겠다는 정부의 계획에 반기를 들면서 제주도의 역사와 아픔을 몸으로 실감하게 되었다. 결국 구럼비 대신 해군기지가 들어서고 말았지만, 그래도 제주도에 일을 하러 오든 쉬러 오든 그곳을 들르다가 언젠가부터 마음이 너무 안 좋아져 발길을 끊고 말았다. 그 뒤로 제주도는 자연의 파괴를 자행하는 개발 사업이 끊이질 않았다. 재작년에는 제2공항 부지를 친구들의 도움을 얻어 찾아갔다. 대수산봉에 올라 제2공항이 들어설 것이라는 곳과 성산 앞바다를 바라보면서 우리가 사는 근대 문명이라는 것이 결국 자연의 법칙을 깨뜨리고 나서야 가능하다는 진실을 새삼 떠올렸다. 바람이 많이 불었다. 자연의 법칙이라는 말은 무슨 완고한 전통주의자의 언어 같지만, 자연의 법칙을 가장 미워하는 것이 이른바 '진보의 신화'이다. 즉 세계는 영원히 '발전'한다는 몽상 말이다.

구럼비가 살아 있을 때, 나는 구럼비에 새겨진 수십 만 년의 시간을 바라보면서 아름답기 그지없는 추상화 작품 앞에 서 있는 느낌에 휘감겼다. 미술에서 무엇이라고 부르든 상관 없이 그

때 내가 얻은 것은, 예술에서 추상이라는 것은 그토록 많은 바람과 파도와 빗방울과 사람들의 발자국이 쌓여야 얻어진다는 사실이다. 나는 그때의 경험을 아직도 간직하고 있다. 간직하고 있다기 보다는 그것이 좀처럼 나를 떠나지 않는다. 이후로 다른 경험과 만남을 통해 그것이 순간적으로 떠오른 감상이 아니었음을 확신하게 되었다. 우리는 그때 정부와 싸움 중이었지만, 싸우면서 역사와 자연의 아름다움을 얻은 것이다.

자연의 법칙은, 우리의 삶을 옭매는 규범이 아니라 존재의 바탕이라고 불러야 마땅하다. 이는 단순히 인간도 자연의 산물이라는 진화사적 차원의 이야기가 아니다. 자연의 법칙은 우리를 살아가게 하는 근원적 원리이자 힘이다. 그런데 그 법칙의 방식은 무엇인가? 그것은 우리가 다른 목숨들과, 심지어 바위와 바람과 강물과 들판과 산마루와 그리고 거기로 넘어가는 노을과 깊이 연결돼 있다는 것이다. 만일 신(神)이 있다면, 이렇게 우리를 이어주는 끈 혹은 힘 자체라고 나는 믿는다.

철학자 헤라클레이토스의 명성을 듣고 많은 사람들이 찾아왔을 때, 빵 굽는 가마 앞에 초라하게 앉아 있는 그의 모습을 보고 실망해서 사람들이 돌아가려 하자 헤라클레이토스가 이렇게 말했다고 한다. "여기에도 신은 현전한다." 이 에피소드는 하이데거가 들려준 것인데, 헤라클레이토스가 실제 한 말은 "인간에게 고유한 성격은 그의 다이몬이다"(ethos anthropo daimon)다. '다이몬'은 오늘날 다소 부정적인 이미지로 그려지곤 하지만, 고대 그리스에서 다이몬은 인간의 이성이 인식하기 힘든 '신적인 힘'을 가리켰다. 즉, 헤라클레이토스의 말은 인간의 현재 모습을 결정하는 것은 우리가 인식하지 못하는 '신적인 힘'이라는 뜻이다. 그러나 현대의 우리를 규정하는 것은 헤라클레이토스의 '다이몬'이 아니라 '맘몬'(mammon)이다. 여기서 '맘몬'은 꼭 재물과 돈만을 뜻하는 것은 아니다. 오늘날 '맘몬'에는 경제적 효율성, 생활의 편의성, 사물에 대한 공리적 사고 등등이 다 포함된다. 그 결과로 우리는 지금 미증유의 생태적 파국을 맞았으며 난폭해진(?) 기후는 점점 더 인간의 적응 한계선을 넘어서고 있다. 이렇게 우리의 신은 인자하지 않고 마냥 아름다운 것도 아니다. 인자함과 아름다움은 결국 인간의 삶이 만들어내는 것이다.

현대는 이런 문제 상황을 어떻게든 공학적으로 풀어보려고 하지만 이제 공학적 발상을 내려놓을 때가 됐다. 이런 차원에서 예술이 오늘날 감당해줘야 할 일이 작지 않은데, 아직도 인간의 문제에만 머물러 있는 것은 아닌지 돌아보고는 한다. 예술이 인간의 문제에서 시작되는 것은 맞지만 오늘날 인간의 문제는 인간이 저지른 문제이기도 한 것이며, 보다 정확하게는 인간이 자연에게 행한 일들이 인간의 문제를 이토록 어지럽게 한 것이다. 자신의 존재 바탕을 허물고 파괴해 왔는데 문제가 생기지 않을 리 없잖은가!

아홉 살 무렵 살았던 그 초가집이 사라진 자리에서는 콩이 무성히 자라고 있었다. 우리가 정작 허물어야 할 것은 무엇이고,

허물고 난 다음에는 무엇을 해야 하는지 제주도의 바람이 우리에게 묻는 것 같다. 예술은 언제나 이런 물음 속에서 싹이 트고 물음을 마시며 잎을 피운다. 꽃은 그 다음이다!

인공지능이 예술을 창작한다고?

챗GPT 이후 다시 세계는 인공지능 문제로 떠들썩하다. 급기야는 6개월 동안 인공지능 개발을 중지하고 위험 요소는 없는지 살펴보자는 제안까지 나왔다. 약 1천 명의 인사들이 공개적으로 인공지능의 위험성을 우려하고 있는데, 저명한 인공지능 개발자들도 참여하고 있어 눈길을 끌었다. 물론 이에 대한 반론도 만만치 않은 것 같다. 하지만 그 누구도 인공지능 개발을 멈추자는 사람은 없다. 테크놀로지의 '발전'이라는 것이 인간의 감성을 앞지르기 시작한 지 오래 된 일이라 과연 인공지능 개발을 멈추자는 용감한 발언을 할 사람이 얼마나 될지 의심스럽기도 하다. 속내야 어찌 됐든 기술 발전에 비윤리적인 점은 없는지 살펴보자는 말이 여러모로 의미심장한 건 사실이다.

엄밀히 말하면, 인공지능은 단순히 딥러닝(Deep Learning)으로 인해 가능했던 것이 아니라 인간의 사고가 효율성이나 예측 능력 쪽으로만 치우쳐 온 역사적 시간 자체가 인공지능의 토대를 다져왔다고 볼 수 있다. 이것은 다시 근대적 정신의 탄생에 연원을 둔다. 인공지능 개발을 6개월 동안 멈추자는 발언에도 이것에 대한 근원적인 사고는 결여돼 있는 것처럼 보인다. 경제학자 홍기빈도 최근 경향신문에 'AI 개발 6개월 중지 호소문의 뜻'을 기고하면서 인공지능 발전의 결실을 우리가 거둘 수 있는 시점에서 무작정의 발전에 대한 점검을 할 필요가 있다며 동조를 표했다. 한편 진화심리학자 장대익은 챗GPT에게 '헛소리'가 있다면 그것은 결국 인간의 '헛소리' 때문이라며, 이 또한 인간중심주의라고 비판한 바 있다.

그런데 이런 논의들은 거의 대부분 근대인의 '헛소리'일 수도 있다. 근대에 사니까 우리 모두 근대인일 수밖에 없음은 여지없는 사실이나, 장대익의 말처럼 "인간의 지능이 영겁의 시간 동안 엄청난 데이터를 학습한 결과로 진화한 농축 솔루션"('촘스키의 틀린 전제, 생성형 AI는 어디로 가야 하나', 경향신문 2023년 3월 28일)이라면 우리가 근대에 산다고 심성 깊숙한 곳까지 모두 근대적이라는 전제는 성립되지 않는다. 우리에게는 오랜 진화의 시간 동안 축적된 근대 이전의 흔적들도 있을 것이기 때문이다. 그렇지 않은가? 따라서 인간의 지능만을 두고 말하면 인간의 본질에 다가갈 수 없다. 사실 인간의 속성을 지능에 두는 사고 자체가 지금의 인공지능을 만들게 했는지도 모른다.

마르틴 하이데거는 「무엇을 위한 시인인가?」('릴케론')라는 글에서 시인을 "더욱더 모험적인 자들"이라고 불렀는데, 시인들은 "존재 자체에 대해서 모험하고, 그래서 존재의 구역 속으로, 즉 언어 속으로 모험하기 때문"이다. 널리 알려졌다시피 그는 언어가 존재의 집이면서 파수꾼이라고 했다. 하이데거가 말하는 '언어'는 우리가 정보 전달 목적으로 말하고 있는 그런 '낱말'을 가리키는 것이 아니다. 아마도 존재에 대한 사유를 이미지로 하지 않고 언어로 하기 때문일 것이다. 언어에 대해 어떤 입장을 가졌는가와는 별개로 인간은 여전히 언어적인 존재이며, 인간의 언어가 "존재의 구역"에서 솟아오르는(포이에시스) 것이라면 인공지능의 '헛소리'는 인간의 '헛소리' 때문이 아니라 그냥 거대한 프로그램의 헛소리가 된다. 나아가 인간에게 '헛소리'가 만연해 있다면 이미 그 사실 자체가 인공지능의 토대가 되었다고 봐야 한다.

따라서 인공지능의 역사를 테크놀로지의 역사의 맥락에서 보면 우리는 사태의 근원에 닿지 못할 것이다. 테크놀로지 자체가 자연의 사물을 대상으로 한 인간의 '헛소리' 때문에 발달했기 때문이다. 컴퓨터 프로그램을 만드는 '랭귀지(언어)'는 인간의 언어를 기본으로 하고 있는데, 고난도의 프로그래밍일수록 압축적이고 수학적이다. 디지털 이진법, '0'과 '1' 자체가 그 중간도, 다른 맥락도 두지 않는 환원주의라고 말한다면 너무 나간 것일까? 하지만 이것은 어김없는 사실이다. 디지털 문명 자체가 이것이냐 저것이냐는 단순 사고에 기반하는 것이니 말이다. 따라서 현대 인간의 사고가 편협하고 피상적이고 또 편파적이라고 한다면, 그것은 디지털 문명이라는 역사적 조건 속에서는 너무도 당연하다고 할 수 있다. 문제는 이러한 심연 속으로 들어가기를 다들 꺼려한다는 점이다. 아니, 그러한 심연이 있다는 것 자체를 망각하고 산다.

인공지능이 이제 글도 쓰고 그림도 그린다며 경악하는 사람들이 적잖고 어떤 이들은 인공지능을 통한 새로운 예술이 가능하게 됐다면서 '적응'을 말하고 있지만 내가 보기에는 예술에 대한 이만한 헛소리도 드물 것이다. 그리고 장대익의 말마따나 이런 헛소리들은 죄다 인공지능의 먹잇감이 될 것이다. 결국 지능적인 존재인 인간의 헛소리들과 인공지능의 헛소리가 서로를 부추기고 서로를 필요로 하는지도 모른다. 하지만 예술은 인간의 지능 문제도 아니고 기술 문제도 아니다. 심지어 미디어 기술을 기반으로 한 예술 분야에서도 단지 기술을 이용하는 것을 넘어 "존재의 구역 속으로" 들어가지 않는다면 예술이 아니라 단지 문화 상품에 지나지 않을 것이다. 예술은 인간으로 하여금 어떤 어둠 속으로 들어가게 한다. 어둠에서 솟아오르지 않는 밝음이란 기술이 만든 조명일 뿐이다. 심지어 태양도 우주라는 어둠에서 솟아난 것이다.

인공지능은 프로그램이다. 그것이 야기하는 효과와 일으키는 파장이 아무리 거대하다 하더라도 그것은 변함없는 사실이며, 프로그램은 컴퓨터 본체나 전기라는 물질 기반 없이는 아무 소용도 없다. 우리는 우리에게 닥치는 효과와 파장에 짓눌려 사태의 다른 맥락을 사고하지 못하는 경향이 있는데, 이는 심리적인 위축 때문일 것이다. 인간을 지능으로만 보는 근대인의 논리를 그대로 차용해 보면, 인간은 몸 없이는 지능을 발휘하는 두뇌도 또는 두뇌에 여러 '정보'를 전해주는 느낌이나 감정도 있을 수 없다. 아니 지능 자체가 몸이 일으킨 작용의 하나에 지나지 않는다. 인공지능을 근대 기술이나 근대 기술을 촉진하는 자본주의와 분리해서 사고할 수 없듯이 인간의 지능도 인간의 몸과 그 몸을 이루는 역사적, 사회적 맥락을 거세하고 사고할 수는 없는 노릇이다.

인공지능이 예술 작품을 창작할 수 있다는 것을 긍정하기 힘든 것은, 인공지능은 이용자가 요구하는 정도만 조합해내기 때문이다. 인공지능이 예술 작품을 창작하려면 데이터의 조합을 넘어선 어떤 고유성을 가져야 하는데, 프로그램 알고리즘이 과연 그렇게 할 수 있을까? 두 번째로, 인간의 역할은 인공지능과 대화가 아니라 결과물을 창출하기 위한 요구에 머문다는 점을 들 수 있다. 혹자들은 결국 인간의 질문이 관건이라는 입장을 취하지만 질문이라는 것은 본질적으로 답을 구하는 것이 아니라 대화를 심화시키거나 또는 방향 전환을 통해 맥락을 풍부하게 하는 것이다. 그렇다면 기술의 발전은 인공지능과 인간의 대화를 가능하게 할 수 있을까? 앞에서도 말했듯이 이것은 불가능할 것이다. 인공지능이 탑재된 컴퓨터 본체는 외부 사물을 감각할 수 없기 때문이고 감각이 없다면 감정이 발생하지 않기 때문이다.

감각이 불가능하면 감정 데이터를 심어주면 어떨까. 이를테면 '마음.dat' 같은 것을 말이다. 어쩌면 이런 시도는 계속될 것이지만 인간의 감정 자체가 선형적이거나 논리적이지 않은 것을 감안한다면 이것도 쉽지 않을 것이다. 또 감정이라는 것도 경험의 "농축"으로 형성된 감성 구조와 판단과 결단, 의지를 좌우하는 지성의 역할에 따라 사람마다 차이가 있기 때문에 그것을 데이터화하는 것은 어느 정도 가능할지 모르지만 감정은 사람마다 다르기 때문에 그것을 한 가지로 패턴화하는 것은 그것 자체가 디스토피아의 세계이다. 만일 생체 정보를 실시간으로 저장해 마음.dat를 업데이트한다고 해도 과연 그것이 가능할지 의문스럽다. 설령 기술적으로 가능하다고 해도 그것은 인간이 기술에게 완전하게 점령당하는 세상일 텐데, 이 경우는 예술 자체를 논할 수 없는 단계가 된다. 그리고 인간에게서 예술이 사라진 상황은 곧 인간이라는 존재의 종말을 뜻할 뿐이다.

그렇다면 인공지능이라는 문제적 상황이 현실이 된 국면에서 예술의 자리는 어디이고 예술이란 과연 무엇일까. 예술도 역사의 전개에서 자유로울 수는 없지만, 이 말은 역사의 전개를 마냥 받아들이고 순응하자는 말이 아니다. 도리어 전개되는 역사에게 물음을 던질 수 있어야 한다. 만일 인공지능이 인간의 삶과 인간이라는 존재에 심각한 위협이 된다면 예술이 어쩌면 최전선이어야 할 것이다. 이 흐름을 막고 못 막고는 다음 문제다. 무엇보다도 인공지능이 자본의 자기 혁신의 산물이라는 점을 망각하지 말아야 하며, 자본의 자기 혁신은 어디까지나 이윤의 증대를 위해서만 존재한다는 사실, 그러기 위해서 인간의 조건인 지구(한나 아렌트)를 부단히 파괴한다는 사실, 결국 인간의 조건이 파괴되는 만큼 예술은 치욕 속에서 살아야 한다는 사실 들을 잊지 말아야 한다. 예술은 무용하다는 속설이 널리 퍼져 있지만 그것은 근대 문명의 특징인 효율성이나 계측 가능성을 벗어나는 영역에서 존재의 본질이 발현하도록 언어로, 그림으로, 몸짓으로, 소리로 길을 터주기 때문이다. 한 마디로 이윤 증대에 도움이 되지 않기 때문이다. 이런 맥락을 제거한 '예술 무용론'은 예술가 자신의 허무주의를 가리는 커튼일 뿐이다.

  테크노크라트들이 세계를 지배하는 현실에서 인공지능 개발은 멈추지 않을 것이다. 하지만 예술이 인간의 본질 영역에서 떠나지 않는 한 예술은 피폐해지는 인간 영혼의 지성소가 될 것이며 그래야만 인공지능이 초래할 인간 정신의 파괴에 대항할 수 있을 것이다. 이것은 희망이나 낙관도 아니고 예술의 특권도 아니다. 인간은 스스로 예술 작품이 될 수 있는 존재이면서 그것을 통해 세계를 예술 작품으로 만들 수도 있기 때문이다. 고요와 고유를 나날이 잃어가고 있는 오늘날, 예술의 자리를 사유하는 것은 예술가의 책무이며 예술가임을 스스로 증명하는 일이기도 하다.

인공지능 시대의 예술

    인공지능의 시대의 개막을 알리는 전조는 오래된 현상이다. 인공지능에 대한 구체적인 개념이 시작된 20세기 초중반을 훨씬 넘어설 것이다. 그러나 그 실제적 모습이 드러나는 데에는 아마도 빅데이터라는 개념과 그것의 처리방식을 가능케 한 컴퓨터와 통신 기술의 비약적인 발전이 이루어진 최근이다. 여기에 한가지 추가해야 할 것은 인간의 뇌에 대한 집요한 과학적 탐구다. 철학자 이정우는 그의 『세계철학사 3』에서 뇌과학을 '속류 유물론'이라 냉소에 부쳤지만, 그 냉소와는 별개로 뇌에 대한 과학적 지식은 인공지능의 알고리즘에 깊은 참고가 된 것으로 알고 있다. 그리고 드디어 인공지능이 시를 쓰고 그림을 그려주는 사태에 이르렀다.

    과학기술의 발전을 고무적으로 보는 대다수의 사람들은 최근에 회자되고 있는 챗GPT나 미드저니에 환호하는 모양새다. 미드저니가 그려주는 그림에 대한 화가들의 반응은 잘 모르겠지만 언어를 다루는 문학인이나 언어를 읽고 쓰는 일에 종사하는 이들은 챗GPT의 등장에 상당한 당혹감을 갖는 것처럼 보인다. 어떤 신문 기사는 인공지능이 쓰고 있다는 이야기를 들은 적이 있는데, 어디까지가 사실인지는 모르겠다. 시를 쓰는 인공지능 프로그램도 이미 나왔고, 실제로 시를 쓰는 능력이 상당하다는 이야기도 있지만 나는 인공지능이 쓴 것을 '시'라고 보지 않는다. 차라리 다른 것으로 부른다면 할 말은 없지만.

하이데거는 「예술작품의 근원」에서 예술이 어디에서 어떻게 유래하는지 살피는데, 그가 먼저 검토한 것은 예술작품이 갖는 '사물성'에 대한 오래된 통념들이다. 여기에서 하이데거의 논의를 따라가는 것은 힘들지만, 그가 생각하고 있는 사물에 대한 입장을 적극적으로 해석하면 우리가 당면한 심각한 생태 위기에 대한 존재론적 사유에 닿는다. 하이데거가 말하는 예술작품의 근원은, 진리를 작품을 통해 드러나게 하는 것인데 진리가 무엇이냐고 물으면 이야기는 또 복잡해진다. 아무튼 하이데거가 말하는 진리란 대상과 그 대상에 대한 앎의 일치가 아니다. 그것은 차라리 사물의 어둠과 밝음, 나아가고 물러서는, 드러나고 숨는 생동을 말하는 것일 게다.

하이데거의 예술관이 오늘날 얼마나 큰 의미를 갖는지에 대해서는 문외한이지만 고흐가 그린 해진 신발 한 켤레를 통해 농촌 여인이 가진 대지와 세계를 읽어낸 것에는, 그 끝을 모른 채

질주하는 테크놀로지의 시대에 음미할 만한 통찰이 담겨 있다. 이는 단순하게 테크놀로지를 거부하고 흙으로 돌아가자는 주장이 아니다. 하이데거의 작품 이해에 대한 갑론을박도 무의미하기는 마찬가지이다. 중요한 것은 예술작품이 드러내는 '다른' 세계에 대한 문제다. 예술작품의 본질이 그 무용성에 있다는 이야기도 이제는 상투적인 언설에 지나지 않고, 예술 민주주의에 대한 정치주의적인 주장도 인공지능 시대에는 한참 뒤떨어진 이야기이다. 예술작품이 현존 세계와는 '다른' 세계를 드러내지 못할 때, 설령 그 형태와 표현 기법에 빼어난 아름다움이나 새로움이 있다 하더라도 과연 그것이 무엇인지에 대해 우리는 물을 수 있어야 한다.

사회관계망에서 접하게 된 챗GPT나 미드저니가 만든 결과물들에 대해 우리는 과연 그것이 무엇인지 충분히 묻고 있을까? 용도에 충실한 것에서 그 가치를 찾는 이들도 물론 있지만 그 용도가 어떤 용도인지 묻지 않는다면 우리는 온갖 용도의 범람 속에서 질식할 것이다. 우리가 지금 진실과 관계없는 정의의 범람에 진저리를 치고 있는 것처럼 말이다. 말이 나온 김에 덧붙이자면, 출력이 높은 스피커들이 부르짖는 '정의'는 대부분 진실을 묻지 않는다. 대체로 자기 주장에 불과하다. 진실과 괴리된 정의는 결국 빈 깡통처럼 요란한 소음에 지나지 않은데, 언제부터인가 예술도 이와 같은 운명에 휩쓸리기 시작했다고 하면 지나친 걸까?

따지고 보면 인공지능의 문화적, 사회적 기반은 자본주의 시대가 들어서면서 본격화된 게 아닌가도 싶다. 그러니까 인공지능은 과학기술만의 문제가 아니라는 말이다. 대중매체의 양적 증가와 대중문화가 말 그대로 대중의 삶에서 나오지 않고 매체 산업이 주도하기 시작하면서 빅데이터는 누적되고 있었다. 그리고 그것의 재배치와 조작이 산업적 대중문화를 조성했던 것이다. 나는 이 생생한 실례를 오늘날 참담한 수준의 영화에서 목도 중인데, 그에 대한 비평 언어들은 사라진 지 오래다. 문제의 본질은 인공지능이 기후위기와 더불어 인간 존재에 심각한 위협이 되고 있다는 사실일 것이다. 이에 대한 경계와 투쟁이 없다면, 현실에 대한 제아무리 정치한 분석도 결국 인공지능의 먹잇감이 될 가능성이 크다. 언어를 가장 내밀히 다룬다는 문학은 말할 것도 없다. 인공지능은 자본의 그림자 인형일 뿐이기에 특히 그렇다.

  이제 '예술'이 최전선이 된 것일까.

스스로 새로워지지 않는다면

'새로움'은 여전히 문학에서 금과옥조처럼 여겨진다. 몰라서 그렇지 문학에서만 그러지는 않을 것이다. 다른 예술 장르에서도 새롭지 않으면, 즉 기존의 것을 단순 되풀이하면 작품이 주는 감동은 현저히 떨어진다. 때에 따라서는 우리의 인식과 정서에 부정적인 영향을 미칠 수도 있을 것이다. 하지만 무엇이든, 그게 좋은 것이든 나쁜 것이든, 새로운 것이든 낡은 것이든 현실 조건, 또는 역사라는 불빛에 비춰봐야 한다. 지금은 좋아 보이지만 실상은 위조지폐일 수도 있기 때문이다. 문제는 누군가 작정하고 위조하지 않았는데도 시간을 지나오면서 진품의 자격에 미달하는 사태가 벌어진다는 것이다. 이럴 때 적잖은 사람들은 진품이었던 과거를 역설하거나 본래의 순수한 의도를 강조하며 항변하지만 그렇다고 해서 진품이 아닌 것을 진품이라고 인장을 찍어줄 수는 없는 노릇이다.

문학에서 새로움이 강조되는 것은 전혀 이상한 일이 아니다. 문학이야말로 구습을 깨고 나아갈 수 있는 적임자기도 하며 또 문학에게는 그래야 할 책무가 있기 때문이다. 그것은 아마도 문학이 언어를 통해 존재하기 때문이며 우리는 언어로 세계를 인식하고 사고하고 판단하고 상상하기 때문일 것이다. 우리가 심각하게 생각해야 할 것은 문학이 언어를 '다루는' 게 아니라는 점이다. 문학이 언어 위에 군림하는 것 같은 이런 상투적인 인식이 그동안 문학의 허위와 자기 낭만을 부추겼는지도 모른다. 문학은 언어를 다루고, 조정하고, 개발하고, 가치를 부여하는 게 아니다. 반대로 문학은 언어에 의해 간신히 성립하고, 언어의 존중을 통해 빛나며, 언어 앞에서 아뜩한 한계를 경험한다. 즉 문학은 자기 언어의 유한성을 깨달아야 그나마 가능해진다. 하지만 현실이 그렇게 전개된 것 같지는 않다. 도리어 문학은 언어 위에 군림하며 통제하고, 언어를 이용하면서 자신의 '새로움'을 뽐내왔다.

　이제 문학의 새로움은, 인식과 상상력, 그리고 시대가 가져야 할 꿈과 깊은 그리움에 좌우되는 게 아니다. 나아가 우리가 잃어버린 땅, 즉 대지를 회복하려는 '열정'에 의해서도 규정되는 게 아니다. 그것은 나날이 기괴해져 가는 우리의 현실에 대한 무기력한 반응에 지나지 않게 되었으며, 극단적인 자본주의가 추구하는 '물질 개벽'에 보조를 맞추어야 새로움을 잃지 않는 거라는 병리적인 모습까지도 보여준다. 그러면서 더욱더 언어를 이용하고 개발한다. 이쯤 되면 문학 자체가 인공지능이 된 것은 아닌가 의아해할 수도 있다. 이런 의심과 지나친 예민함이 일부라도 사실이라면 어쩌면 문학은 자신이 갈 길을 스스로 포기했는지도 모른다. 문학의 언어는 이제 공동체, 민중의 언어와 길을 달리 잡았는지도 모른다. 민중이 어디에 있다고 민중 타령이냐고 되묻는다면 순간 말이 궁해지는 것도 사실이긴 하다.

요즘 식자들에게 회자되는 브뤼노 라투르의 얇은 책자를 한 권 읽었는데, 라투르가 제기하는 다음가 같은 문제의식에 깊은 공감을 했다. "우리는 근대인인가, 대지인인가?" 라투르가 말하는 '대지'는 단순히 물리적인 땅만은 아니지만 그 땅이 아닌 것도 아니다. 그 스스로 말하듯이 현재의 위기를 개념화하기 힘든 것은 "모두가 함께 겪는 몹시 고통스러운 시련, 즉 땅을 박탈당하는 시련에서 나오는 중이기 때문이다." (그런데 라투르의 강고한 유럽중심주의를 가지고 진정한 '대지인'이 될 수 있는지에 대해서는 의문이다.) 일찍이 고(故) 김종철 선생은 우리의 실존이 처한 엄청난 위기와 병리적 현상, "언어가 사라지고, 토착 내지 전통문화가 위축되고, 그 결과 문화적 다양성이 소멸되어"(『땅의 옹호』)가는 현상을 대지의 유실에서 찾은 적이 있다. 즉 문학의 언어가 바로 땅의 언어, 민중의 언어에 밑받침되지 않는다면 그 깊이와 높이가 한없이 초라해지기 마련이고, 이것을 만회하기 위해 문학은 새로움이란 이름으로 언어를 난폭하게 다루려고 한다. 이러한 행위는 결국 '문학'과 '언어'가 아니라 작가/시인의 명성과 인지도,

즉 상품만 남긴다. 그리고 이것은 극단적인 자본주의 상품경제 시스템이 바라고 꾀하는 것이기도 하다.

  문학이 언어를 존중하지 않고 그 심연 속으로 깊이 들어가 볼 마음을 갖지 않으면서 열매만 탐한다면 언어는 결코 새로워지지 않는다. 토양이 좋아야 좋은 열매가 맺히지 않는 이치와 같은 것이다. 더군다나 지금은 언어가 타락을 넘어 쓰레기가 되는 세상이며 모두 표현의 '자기' 자유만 외치는 세상이기도 하다. 이런 상황에 민중이 어디 있느냐고 반문하는 것은 엉터리 물음이며 허무적이다. 그것은 자신부터 새로워질 마음이 없다는 말에 다름 아닌데 만일 우리 자신부터 새로워지지 않는다면 현실의 근본적인 변화는 오지 않을 것이다. 대신 겉만 번쩍거리는 새로움은 더욱 번식할 것이다. 이 모든 현상이 문학만의 책임은 아니지만, 지금은 책임을 스스로 감경하고나 있을 상황이 아니다.

책 읽기는 김매기다

김매기는 논이나 밭에서 자라는 풀을 뽑는 일로 알려져 있지만 김을 맬 때 풀을 뽑는 일만 하는 것은 아니다. 웃자란 순을 따주기도 하고 솎아낼 것이 있으면 솎아내주기도 한다. 또 흙을 뒤집어주면서 뿌리에 산소를 공급해주는 효과도 얻는다. 간단히 말해 김매기는, 밭에서 자라고 있는 작물을 총체적으로 가꾸는 일이다. 그런데 여기서 김매기 전 밭에서 무슨 일이 벌어졌는지 돌아볼 필요가 있다. 시간을 되감아보면 먼저 밭에 씨를 뿌리는 일이 있었을 테고—요즘에는 모종을 사다가 심는 경우가 많다고 한다—그전에는 밭을 간 일이 있었을 테며, 그 이전에는 거름을 냈을 것이다. 내 기억은 오래된 것이니 요즘의 농법과는 다를 수 있겠으나 아마 대동소이할 것이다.

책 이야기를 하라는데 갑자기 웬 주말농장이 등장하는가, 하는 이들도 있겠지만 나는 요즘 책 읽기를 김매기와 비슷한 것이라 생각하고 있다. 갑자기 김매기가 책 읽기의 비유로 떠오른 것은 우연한 경험 때문이다. 내가 사는 아파트 단지 한 귀퉁이에 있는 작은 텃밭을 나이 좀 지긋한 여인 두 분이 일구고 있는 것을 지나가다 본 적이 있었다. 그 텃밭의 주인은 누구인지 모르고, 또 아파트 단지 내 공동 부지를 특정인이 텃밭으로 일궈도 되느냐는 볼멘소리도 없지 않은데, 그럴 때마다 나는 현시적인 화단 대신 텃밭을 만들자는 말을 하곤 했다. 그리고 그분들이 작은 텃밭을 가꾸는 것을 보면서 이제는 많이 늙으신 어머니의 그 끝없는 김매기를 떠올렸다.

『동경대전』「포덕문」에는 하느님이 수운 최제우에게 나타나는 장면이 나온다. 1860년 4월 어느 날, 수운의 몸이 떨리고 마음이 선득해지면서 이상한 소리가 들려 이게 도대체 무슨 일이냐고 묻자, 나는 상제인데 그동안 나 또한 공이 없었다(余亦無功)는 하느님의 답이 돌아왔다.『용담유사』에 실린「용담가」에서는, "나도 또한 개벽 이후／ 노이무공(勞而無功) 하다 가서"라고 되풀이된다. 어떤 이들은 이 구절을 하느님이 자신의 '헛수고'를 말하며 이제 수운에게 그 공을 이루도록 하려고 했다고 풀이하지만, 나는 '노이무공'에서『노자』 2장에 나오는 '공성이불거(功成而弗居)', 즉 '공을 이룬 후 그 공에 머물지 않는다'는 구절이 떠올랐다. 어쩌면 좌절의 마음이 깊었던 수운에게 하느님이 '나 또한 공이 없었다'고 위로를 건넸는지도 모른다. 이 대목은 여러 창조적 해석이 가능하다는 게 내 좁은 소견이다.

자본주의 사회의 통념적인 윤리는, 애써 일한 만큼 그에 대한 보답이 꼭 있어야 한다는 것이다. 그렇지 않은 현실은 '나쁜' 것이다. 여기서 '보답'은 '일'을 제공한 대가에 해당하며 대부분의 '일'은 경제적 가치를 창출하는 행위와 다름없다. 쉽게 말하면 내가 제공한 '일'로 당신은 경제적 가치를 움켜쥐게 됐으니 내게도 그에 합당한 몫을 줘야 한다는 것이다. 지극히 당연하고 정당한 요구다. 이렇게 자본주의 사회는 일의 제공과 보답의 팽팽한 대립을 전제로 하는 체제다. 이런 입장에서 갖게 된 관점으로는 하느님의 '노이무공'이 '헛수고'로 해석되는 것도 무리는 아니다. 하지만 일에 대한 등가적 가치로 경제적 부와 사회적 지위가 '상식'으로 받아들여지는 오늘날의 현실에서 수운의 '노이무공'이나 노자의 '공성이불거'는 사실 발붙이기 힘들 것이다.

　내가 책 읽기를 김매기로 비유했을 때는 나도 뭔가를 바라는 게 있다는 뜻일 게다. 다만 바라는 게 무엇이냐는 문제는 남는데, 내가 강조하고 싶은 것은 김매기의 결과가 아니라 김매기의 과정이며, 앞에서 말했듯이 김매기에는 그 전(前) 과정을 필요로 하고 또 이제부터 말하겠지만 그 결과도 분명히 있다는 것이다. 김매기는 밭에 심은 작물을 위해 풀을 뽑고 흙을 고르고 또 번다한 순을 솎아주는 행위인데, 그것은 작물의 충만한 흥성을 목적으로 한다. 하지만 씨를 뿌리고 거둬들이는 과정은 그 자체로 의미와 가치가 있고, 이는 오늘날 매사를 매끈한 결과 위주로 사고하는 풍습에 비춰 이단적이기까지 하다. 그런데 그것은 씨를 뿌리고 거둬들이기까지의 과정에 여러 우여곡절이 있다는 것에 기인한다. 이 우여곡절은 날씨나 재해부터 사회, 문화적 층위까지 그 층이 사뭇 두텁다. 그래도 결국 그 결과가 말도 못 하게 초라할 수도 있는데 의외로 이런 경우는 허다하다.

누구에게나 대체로 마찬가지이겠지만 교과서 외의 첫 책에 대한 기억은 그렇게 뚜렷하지 않다. 내 경우는 동네에 굴러다니던 만화 같기도 하고 친구가 빌려준 소년 잡지 같기도 하다. 물론 그런 단순한 만남을 책에 대한 기억으로 치기는 어렵다. 그렇기에 책을 처음 만난 기억은 더욱 어둡고 아득한 법이다. 한 가지 분명한 것은, 점점 내 책 읽기가 목적성을 띠기 시작했다는 것. 하지만 책 읽기가 특정 목적을 위한 수단으로 삼았다는 뜻은 아닌 게, 내가 하고자 하는 일은 책 읽기가 없이는 불가능하기 때문이기도 하지만 책을 읽는 순간이 그 자체로 '나의 시간'을 이뤘기 때문이다. 지금 내가 사로잡혀 있는 이미지로 말한다면, 책이 나를 김매줬다고 말하는 것도 괜찮을 것이다. 하지만 책이 웃자란 나의 욕망과 번민의 순을 때맞춰 솎아줬는지는 잘 모르겠다. 도리어 욕망과 번민을 더 키운 것은 아닐까도 싶지만 정작 내 욕망과 번민의 순을 솎아주는 건 내 일이라는 사실을 안 지는 그리 오래되지 않았다. 그렇다면 책은 호미이기도 하단 말인가?

내 생각으로 책은 욕망을 키워주는 동시에 솎아주는 사물이면서 동시에 다른 세계로 이어주는 고구마 줄기 같은 것이다. 따라서 책 읽기야말로 리좀(rhizome) 같은 대화 양식이다.

소크라테스는 아테네 시민들을 성가시게 붙잡아서 지혜를 따져 물었다고 전해져오고 있지만 만약 그 당시에 지금처럼 책이 풍부했다면 소크라테스는 먼저 독서인으로 우리에게 남았을지 모른다. 그렇다면 그에게는 법정에 세워질 일도 사형을 언도받을 일도 없었을까? 이런 가정은 어차피 무의미하다. 왜냐면 위에서 말했듯 책 읽기 자체가 누군가에게 말 거는 행위이기도 하지만 책이라는 것이 지금 같은 인쇄물에 국한되지 않기 때문이다. 즉 소크라테스는 여전히 동료 시민에게 무언가를 물었을 공산이 크다. 문제는 그것의 불온성 혹은 독창성일 것이다. 책 읽기를 통해 얻은 언어가 불온하거나 독창적인 경우, 그는 그가 사는 현실에서 배척받거나 심지어는 죽임을 당할 수도 있다. 수운 최제우는 죽임을 당한 경우인데, 수운은 어느 날 갑자기 신을 만난 종교인만은 아니었다. 그 또한 독서인이기도 했다. 문제는 독서가 사유로, 사유가 기도로, 기도가 접신을 거쳐 집필과 행동으로 빠르게 전환되었고, 그의 독창성은 심지어 불온하기까지 했다.

현대인의 책 읽기는 너무도 공리적이거나 아니면 지나치게 자기 현시적이다. 다르게 말하면 책 읽기가 책 쓰기를 위한 수단 같은 인상을 준다. 즉 책 읽기의 과정보다는 그 결과에 몰두해 있는 것이다. 책 읽기가 임금노동의 다른 버전이 된 것일까. 하지만 임금노동의 제공과 정당한 경제적 보답 사이에는 복잡한 사회적 과정이 숨어 있고 심지어 사회를 지탱하게 하는 윤리적 문제가 도사리고 있다. 따라서 임금노동의 제공과 정당한 경제적 보답의 관계는 윤리적 토대 위에서 투명하고 단순해야 건강한 것이지만 책 읽기는 임금을 원하는 노동과는 질적으로 다를 것이다. 그런 차원에서 우리는 그동안 책 읽기를 격려하고 고무해왔고 책을 읽지 않는 사태 앞에서 있는 걱정 없는 걱정을 다 해왔던 것이다. 우리의 삶은 오로지 경제적 행위로만 꾸려지지 않는다는 깊은 공감대가 과연 인문학의 마음 아니었던가.

책 읽기가 김매기인 것은, 책 읽기가 곧 공리적인 또는 이해타산적인 행위만은 아니라는 강변이면서, 책 읽기는 과거와 미래를 현재로 동시에 불러들이는 사건이기도 하기 때문이다. 김매기가 그렇지 않은가? 우리가 살아보지 못한 미래를 현재에 불러들이기는 하지만 그것이 미래를 일목요연하게 규정한다는 뜻은 당연히 아니다. 도리어 미래를 더욱 어지럽고 예측 불가능하게 만드는 일이라고 해야 맞다. 책 읽기와 김매기가 한 가지 우리를 위로해주는 게 있다면, 그것은 미래를 어렴풋이 미리 살게 해준다는 점일 것이다. 우리는 과거를 다시 살면서 미래를 미리 사는 몇 가지 방법을 안다. 책 읽기가 그중 하나일 텐데, 다만 그것이 김매기와 닮았을 때만 그렇다. 김매기는 과거를 다시 살지 않고는 할 수 없는 일이고, '뙤약볕 아래'라는 현재에서 미래를 바라보지 않으면 하기 힘든 노역이기도 하다. 그렇다고 미래를 현재의 욕망 앞에 무릎 꿇리는 행위도 아니다. 오늘 김매고 곧바로 내일 거둬들이는 법은 없으니 말이다. 책 읽기와 김매기에는 다른 점도 분명 있는데, 김매기는 그 노력과 과정을 무화(無化)시키는 흉작을 주기도 하지만 책 읽기는 대체로 자신의 내면에 작으나 크나 풍작을 안겨준다. 책 읽기의 결과를 성급하게 욕망하지만 않는다면 말이다. 무엇보다도 노이무공의 마음이 먼저인데, 만일 책 읽기에 이 마음이 없다면 책을 읽는 것과 비례해 다른 함정이 만들어지고 있는지 누가 알겠는가.

예술가는 그리고 또 그린다

차규선의 'floral landscapes'

　인공지능이 점점 일반화되면서 '예술이란 무엇인가'에 대해 이른바 예술을 한다는 사람들의 고민이 깊어질 수밖에 없게 되었다. 인공지능의 대두로 자신이 하고 있는 예술에 대한 심각한 고민과 회의가 없는 사람을 '예술가'라 부를 수 있는지 의문이 제기되는 역설도 만들어졌다. 사실 저 질문에 정해진 답은 없다. 예술이 변화하는 역사와 떼려야 뗄 수 없는 관계이기 때문인데 그렇다고 해서 저 근원적 질문에 의미가 없다는 것은 아니다. 도리어 예술이 기술에 의해 위협을 받을 때마다 저 근원적 질문은 부상하지 않았던가.

　생활에서는 인공지능과 타협할 수밖에 다른 도리가 없을지 모르겠지만 예술의 입장에서는 인공지능을 그대로 용인해야 하는지 심각한 문제임이 분명하다. 그만큼 인공지능은 예술에 대해 본질적인 질문을 하고 있다는 뜻이기도 하고, 동시에 예술의 근본을 뒤흔들 수도 있다. 이것은 단지, 인공지능으로 사진을 생성해내고 그림을 만들어내기 때문만은 아니다. 무엇보다도 인공지능이 예술가의 창작 과정을 대신할 수 있다는 기술주의적 믿음이 점점 더 확고해지고 있기 때문이다. 시인이 화가의 창작 과정을 전혀 실감할 수 없듯이 화가도 시인의 창작 과정을 이해하기 쉽지 않다. 엄밀히 말하면 시인끼리도 또는 화가끼리도 서로의 창작 과정을 제대로 알지 못한다고 할 수 있다.

예술 작품의 창작 과정에 무슨 신비한 게 있어서가 아니다. 다만 그 과정이 내밀한 심연이기에 그런 것이며, 어쩌면 예술가를 예술가이게 하는 것은 저 내밀한 창작 과정의 깊이에 달려 있다고 해도 과언은 아니다. 그런데 내밀한 창작 과정의 깊이가 담보하는 것은 작품의 성패가 아니라 작품의 독특성이며, 작가가 이 세계의 진실/진리에 얼마나 가까이 갈 수 있는지는 내밀한 창작 과정의 깊이가 결정된다고도 말할 수 있다. 이것을 인공지능의 논리적인 알고리즘으로 대신할 수 있다고 하니, 그(녀)가 예술가라면 정말 놀라지 않을 도리가 없다. 과연 예술의 창작 과정은 논리적인 알고리즘으로 밝혀낼 수 있는 것인가? 예술가의 창작 과정에 신성(神聖)의 울타리를 치자는 게 아니라 우리가 사는 세계와 삶의 진실/진리를 인과 관계로 밝혀낼 수 있다는 기술의 오만에 오싹한 느낌이 들기에 하는 말이다.

*

　내게 남아 있는 차규선 작가의 작품에 대한 인상은, 꽃이 가득 핀 나뭇가지를 클로즈업해서 그 단면을 화폭에 약간 추상적으로 옮긴다거나 산의 능선이나 골짜기 역시 당겨서 그림으로써 대상의 바깥 부분을 과감하게 생략한다. 이로써 꽃이나 나뭇가지 안쪽의 세계가 은미(隱微)하게 드러난다. 하지만 전경화된 꽃이나 나뭇가지 저편의 은미한 세계가 무엇인지/무엇이라고 불리는지 우리는 모른다. 이번에 전시된 작품에서도 그런 양식은 버려지지 않았지만 한참을 들여다보면 그 은미한 세계가 더 깊어지지 않았나 싶다. 물론 능소화와 이파리 등만으로 화폭을 가득 채운 작품도 있지만, 아무래도 이것은 그동안 차규선 작가가 능숙하게 해왔던 방식이 아닌가 싶다. 이런 작품들을 오래 보고 있으면 어떤 현기증이 일지만, 그것을 달래주려는 듯 능소화 빛깔과는 좀 다른 푸른 이파리와 종종 빨간 꽃잎을 그려 넣음으로써 삼천대천세계(三千大千世界)의 다채로움을 보여준다. 작가가 의식적으로 의도하지는 않겠지만 예술 작품이 주는 효과 중 하나가 현실에 존재하지 않는 세계에 대한 일종의 환영 아니겠는가.

　니체는 "오직 미적 현상으로서만 실존과 세계는 영원히 정당화된다"(『비극의 탄생』)고 한 적이 있는데, 이 말의 바탕에는 우리의 실존과 세계가 그보다 더 거대하고 심원한 것에 의해 소멸하고 생성된다는 철학이 있다. 나 자신의 삶이, 그리고 여럿이 함께 구성한 우리의 세계가 언젠가는 소멸할 것이라는 진리 앞에서 우리는 허무를 앓을 수밖에 없지만, 우리에게는 실존과 세계를 예술 작품으로 만들 수 있는 역량이 있다. 이 역량을 펼칠 수 있다면 소멸과 생성은 반복될 뿐이라는 또 다른 진리 앞에서 경이를 느낄 것이다. 실존과 세계를 예술 작품으로 만드는 것과 실제로 구체적인 예술 작품을 창조하는 것이 같은 의미는 아니지만 예술 작품을 창조하는 역량 없이 실존과 세계를 예술 작품으로 만드는 일은 불가능할 것이다. 물론 예술 작품을 창조하는 역량은 창작자에게만 국한된 게 아니라 예술 작품을 감상하는 사람이 자신의 정신과 영혼 안에다 또 다른 무형의 작품을 만드는 행위도 포함된다. 사실 예술 작품은 향유자의 이런 능동적인 행위에 의해 (잠정적으로) 완성되는 게 아닐까? 이런저런 이야기를 종합해 보면 결국 예술은 진리를 드러내는 것이라는 정의에 도달할 수밖에 없다.

  나는 이번에 전시된 작품들 중에서 작가의 눈이 대상으로부터 조금 떨어진 작품들에게 마음이 조금 더 갔다. 이유는 간단하다. 그럼으로써 작가의 눈에 여유가 생긴 듯도 하고 그 여유는 사물을 사물이게 하는 은미한 세계를 드러내는 데 조금이나마 도움이 될 것 같기 때문이다. 회화든 문학이든 작품이 예술 작품인 한 작가의 의식이나 의도를 넘어서서 존재한다. 만일 작품이 작가의 의도에 얌전히 복종한다면, 사물을 떠받치는 은미한 세계는 작가의 의식으로 인해 가려지기 마련이다. 예술 작품은 형상을 통해 형상 이전과 이후의 세계를 동시에 드러내는 것 아니겠는가.

　우리는 그것을 드디어 '예술 작품'이라고 부르며 예술 작품이 진리를 드러내는 것이라는 명제는 이렇게 증명되는 것일 테다. 그렇다고 해서 형상이 우리를 전면적으로 압도하는 다른 작품들이 그것을 보여주지 못한다는 이야기는 아니다. 다만, 압도하는 형상들은 아무래도 나 같은 문외한에게 더 깊은 상상력을 요구하기 때문에 스스로 한두 발자국 그림에서 떨어지게 한다는 점만 말해두고자 한다. 실제로 나는 능소화를 그린 작품들 앞에서 시선을 몇 번 다른 곳으로 돌렸다가 다시 돌아오고는 했다. 그렇게 하지 않으면 작가에게 꼼짝없이 당할 것 같아서 말이다. 내게는 조금 낯익은 매화 그림들은 여전히 매혹적이지만, 어쩌면 그 형상의 매혹이 작품의 입체성을 조금 가리는 느낌도 없지 않다. 하지만 매화를 그린 작품과 능소화가 화폭에 가득 담긴 작품과 나무의 저편까지 그려 넣은 작품을 함께 본다면 차규선의 작품 세계를 좀 더 풍성하게 가슴에 담을 수 있을 것이다.

*

　차규선 작가가 그린 꽃과 나무와 산골짜기와 눈밭은 우리 주변에서 언제든 만날 수 있는 것들이다. 처음에는 그것이 약간 난해하기 다가오기는 하지만, 작가에게 넘어가지 말고 자신의 경험과 겹쳐서 그림을 보면 의외로 친숙한 그림임을 얼마 안 가 느끼게 된다.

어떤 예술 작품도 그것을 향유하는 독자의 경험 세계와 완전히 동떨어질 수 없는 노릇이다. 작품의 난이도는 언제나 독자의 경험과 관계가 있다. 독자의 경험 세계와 만나기 어려운 작품을 우리는 난해하다고 부른다. 어쩌면 예술 작품은 독자의 경험 세계를 다시 쟁기질하는 것과 다를 게 없을 것이다. 그 쟁기질이 깊고 색다를수록 독자의 경이는 더욱 커질 터, 예술 작품이 진리를 드러낸다는 것은 상투적인 세계가 갈아엎어지는 순간을 창조한다는 말일 것이다. 그 순간에 우리의 실존과 세계는 생성, 소멸의 대법칙 안에서 새로워지며 아름다워진다. 문제는 이 순간의 지속성일 텐데, 그것 때문에 예술은 영속되며 예술이 영속되는 한 예술가는 그리고 또 그린다.

우리에게 꽃을 바치는 어두운 '틈'

차규선의 〈헌화〉를 보며

　차규선 작가를 알게 된 것은, 세월호 참사를 함께 앓고 있던 화가들의 그림을 접하고 나서였다. 경기 민미협과 함께 세월호 참사에 대해 그린 작품들의 도록 출간 작업을 하다가 작은 그림 한 장이 내 가슴에 철컹, 하고 들어왔다. 나는 당시 그 그림을 그린 화가가 누군지도 모른채, 경기 민미협에 내가 편집 책임을 맡고 있던 잡지에 재수록을 하게 해달라고 요청을 했다. 그러고 시간이 조금 흘러, 대구의 여러 동무들을 알게 된 자리에서 차규선이란 작가가 그 그림을 그린 것을 알게 됐다. 차규선 작가는 나를 처음 만난 날을 어떻게 기억하는지 모르겠지만, 나에게는 그 날에 대한 구체적인 기억이 없다. 이것도 기억이라면, 그의 거침없는 독설과 소년 같은 장난기만 남아 있다. 그런데 그 독설과 소년 같은 장난기가 나는 이상하게 좋았는데, 예술가 특유의 히브리스(hybris)가 느껴졌기 때문이다.

차규선 작가는 나보다 더 '여럿'인 자리를 어색해 한다고 들었지만 우리는 쉽게 친해졌던 것 같다. 나중에는 도리어 차규선 작가와 둘이 만나는 자리에 다른 동무들을 부르기도 했고, 다른 일이 있어 대구를 내려가게 되면 내가 차규선 작가를 부르기도 했다. 차규선 작가는 내가 낸 시집이나 산문집을 열성적으로 읽는데 모른 척할 수는 없어 나도 품앗이(?) 차원에서 그의 전시를 보러 가기 시작했다. 그래 봐야 서울에서 한번, 대구 신세계백화점과 대구시립미술관 전시가 전부다. 화실에 놀러 가서 작업 중인 작품들을 보기도 했다. 서울의 어느 갤러리에서 혼자 그림을 보고 있을 때, 그림에 문외한이기도 하지만, 산수화는 산수화인데 기왕의 동양화와도 다른 점이 인상적이라는 느낌이 들었다.

　무엇보다도 사물과 화가 사이의 '거리'에서 벌어지는 이상한 '착시 효과'에 끌려 그다음부터는 자발적으로 그림을 보러 가게 됐던 것 같다. 내가 '착시 효과'라고 한 것은, 그냥 순수한 감상자의 입장에서 나올 수밖에 없는 상식적인 언어이지 그의 그림이 환영(幻影)이라는 의미는 물론 아니다. 김수영의 「달나라의 장난」은 내가 좋아하는 시 중 하나인데, 그 작품에서 김수영은 팽이가 돌면서 만들어내는 환영을 한사코 거부한다. 차규선 작가가 그린 산이나 꽃은 그것들을 멀리 두고 그리거나 가까이 당겨서 세밀하게 그리는 화법이 아닌 듯하다. 사물의 특정 부분을 자신만의 느낌으로 집중해서 새로운 리얼리티(reality)를 창출한다. 부연하자면, 이게 차규선만의 독특한 관점인지에 대해서는 잘 모르겠지만, 내가 느끼기에 그런 '거리'를 통해 사물을 재현하거나 또는 멀리 두고 관조하는 틀을 벗어난다. 깊이는 자기 안에 거리를 품고 있는 것이라는 말이 있다. 뒤집어 말하면 거리를 갖지 않으면 깊이에 도달할 수 없다는 말도 되겠다. 그런 생각을 할 무렵, 지난 도록을 뒤적이다가 작가의 다음과 같은 말을 만났다.

> 내가 그리는 자연은 자연을 모방하거나 재현을 넘어 자연과 나 사이의 또다른 세계를 찾고 발견하는 것이다. 자연과 나의 예술 사이에서 내가 알지 못하는 세계가 존재하리라 믿는 것이다. 어쩌면 그것을 찾는 과정이 나의 일이고 예술이다.

이 발언의 출처가 '2020. 11. 수성동에서'인 것을 봐서, 그의 화실에서 술잔을 나눌 때 안의 내용은 절대 열어주지 않고 그 존재만 보여주던 자신만의 노트 같다. 좀 읽어보자고 하면 뒤로 자꾸 감추던 게 아무래도 그의 수줍음 같아서 웃고 말았던 생각이 난다. 그런데, 나는 차규선 작가의 저 발언이 시에 대한 내 입장과 중요한 부분에서 겹치는 것 같아 반가웠고, 성격도 다르고 표현 방식도 다른 우리가 지금까지 술잔을 나눌 수 있었던 이유가 아닌가도 싶었다.

'모방과 재현'에는 우리가 속한 자연을 절대화하는 함정이 있다. 문학에서는 사실주의 문학이 이에 해당될 텐데, 사실주의 문학은 서구에서 부르주아 체제가 공고하게 되는 시점에서 그 현실에 대한 일종의 고발 차원에서 시작되었다. 하지만 그 당시 사실주의 문학을 넘어선 대부분의 문학 작품은 '리얼리즘'이라 새로 불린다. 물론 아직도 리얼리즘을 사실주의와 구분 못 하는 이들이 적지 않지만 말이다.

질 들뢰즈는 프란시스 베이컨의 회화 작품을 통해 자신의 철학을 펼친 책인 『감각의 논리』에서, "회화의 임무는 보이지 않는 힘을 보이도록 하는 시도"라고 쓴 바 있다. 그리고 "힘은 감각과 밀접한 관계에 있다"라고 하면서 "감각은 그의 조건인 힘으로부터 출발하여 힘과는 전혀 다른 것을" 준다고 덧붙였다. 이 주장은 현상 너머에 이 세계를 초월한 다른 세계가 있다는 뜻이 아니다. 우리가 감각하는 세계는 고정된 실체가 아니라 끊임없는 힘의 운동과 그것의 응결 또는 해체의 과정에 다름 아니다. 그것에 대한 인식이 없으면 우리가 사는 세계는 초월적인 세계인 '저기'와 구분된 열등한 '여기'에 해당될 뿐이다. 이런 구분은 '저기'를 절대화하면서 '여기'를 부정하는 허무에 빠지게 하는데, 이 허무도 결국 절대화의 뒷면이다. 이 상태에서 할 수 있는 것은, 절대적인 '저기'나 허무적인 '여기'를 모방하고 재현하는 일밖에 없다. 절대적인 '저기'가 이미 존재하는데 다른 것을 찾아 헤맬 필요가 없기 때문이다. 하지만 차규선 작가는 "자연과 나의 예술 사이에서 내가 알지 못하는 세계가 존재하리라" 믿는다. 여기서 '있다'고 단언하는 게 아니라 '믿는다'고 말하는 것에 우리는 주의할 필요가 있다.

*

 이번 전시회의 제목이 '헌화'라고 들었을 때, 대구 신세계백화점 개인적 제목 '화원'과 헷갈렸다. 어느 전시회나 마찬가지지만 화가들의 작품 제목은 나를 다소 웃게 한다. 언어를 다루는 일이 아니다 보니 자신의 그림들 제목이 어슷비슷한 것일까. 사실 언어를 다루는 일은 자칫 어떤 죄를 짓기에 좋기는 하다. 과장과 허위가, 현실에서도 그렇지만 작가나 시인 개인에게서도 그칠 날이 없기 때문이다. 그래서 화가들의 소박한 언어 때문에 웃는 것이지 다른 의도가 있어서는 아니다. 그런데 이번 전시회에 출품하는 작품들 제목이 다 '헌화'라고 한다. 제목이 왜 '헌화'인지 차규선 작가에게 듣고 나서 어쩌면 화가들이 시인들보다 훨씬 더 세상에 도움이 되는 존재인지도 모르겠다는 생각이 들었다. 이 말은 무슨 선의를 베풀 수 있는 역량이 앞서 있다기 보다는 회화라는 장르의 장점을 말하는 것이다.

 이번에 출품된 작품들을 문외한의 눈으로 보고 있자니, 이전 작품들에 비해 다른 점에 눈에 띄었다. 꽃들이 범람하듯 캔버스 밖으로 쏟아져 나오는 것 같았다. 이전 작품들에는 꽃을 그려도 나뭇가지가 그려진 꽃에 비해 그 비중이 작지 않았다. 예를 들면 〈서울아트스페이스〉 전시 작품들에서는 방향 없이 뻗은 검은 나뭇가지가 작품을 지탱하는 역할이 제법 컸다. 내 방식대로 말하면, 꽃과 가지와 허공이 적절한 비율로 각각의 영역을 차지하면서 전체를 지탱해주고 있달까. 가지에는 힘이 있고, 꽃은 화사하게 흩날리고 있으며, 허공은 그것들을 떠받치고 있거나 혹은 그것들의 심연처럼 물러나 있으면서 작품을 뒤덮고 있었다. 그리고 허공이 어쩌면 차규선 작가의 숨겨진 영혼이 아닐까 생각이 들게 하는 공통점이 있었다. 어느 것이 전경이고 어느 것이 후경인지 알 수가 없는 상태는 앞에서 말한 '착시'를 일으키며, 이 착시는 새로운 감각이면서 동시에 작가가 보여주고자 하는 "또다른 세계"인지도 모르겠다. 예술 작품은 지시하거나 명령하는 것이 아니라 다른 감각을 가능하게 하는 것이기 때문에 그림이 '착시'를 일으키게 하는 것은 정당하다. 하지만 그 '착시'가 단순한 감각의 혼란인지 아니면 "또다른 세계"로 가는 입구인지는 오로지 작가의 깊이와 역량에 의해서 결정된다.

그런데 이번에 출품된 작품들은, 꽃이 곧바로 압도한다. 변하지 않은 것은 여전히 개별적인 꽃이 아니라 다수의 꽃'들'을 그리고 있다는 점이다. 대신 가지와 허공이 잘 안 보이거나 가지를 그린 경우나 허공을 그린 경우나 공히 이전보다 더 추상화되어 있다는 점이다. 예전에 그리던 세 가지 요소 중 하나를 다른 두 요소에 함축시킴으로써 차원에 변화가 온 것이다. 그래서 그런지 더 몽롱하지만 그만큼 더 아름다움이 강렬하다. (제목이 같아서 호명해서 말하기가 쉽지 않은데) 노란색 꽃이 마치 우주의 은하수처럼 그려진 작품은, 굵은 검은색 가지가 작품의 바탕을 잡아주면서 노란색 꽃도 그 농담의 차이 때문에 마치 별이 탄생하는 순간 같은 역동적인 아름다움을 준다. 그러니까 예전 같은 허공은 사라졌으되, 가지가 허공의 역할을 겸한다는 것이다. 이것은 다른 작품들에서도 공통적으로 느껴진다. 파란색 바탕에 붉은 꽃숭어리와 그것들의 어떤 해체 과정을 묘사하듯 붉은색 점점(點點)을—이 방식은 차규선이 어느 작품에서나 쓰는 방식이긴 하다—흩뿌려 놓은 작품은, 내게는 깊은 물 위로 떨어지는 꽃잎들을 연상시킨다. 여기에서도 꽃은 있지만 그것을 피운 가지는 없다. 그럼 가지는 어디로 간 것일까? 나는 아무리 찾아보아도 찾을 수가 없어서 결국 낙화 장면 같다고 생각했고 곧이어 동백을 연상했다.

그래도 이 작품들은 어떤 여백이라도 있지만 붉은색 꽃이 캔버스의 대부분을 차지한 작품에서는, 앞으로 차규선 작가의 그림이 더 추상적으로 변할지도 모르겠다는 예감을 주기도 한다. 그것은 내가 섣불리 예단할 수도 없고 그럴 필요도 없으나 붉은색 꽃이 압도적인 작품에서도 '힘'이 느껴지는 것은 사실이다. 그것은 아마도 붉은색 꽃 자체가 주는 강렬함 때문이기도 하지만, 그것보다는 용솟음치는 용암 위에 어두운 재가 떠 있는 것처럼, 나뭇가지인지 허공인지 모르겠는 검게 처리된 '틈'이 꽃을 피우고 있달까 꽃을 비집고 나오고 있달까, 아무튼 어떤 카오스가 암암리에 작품을 지배하는 것만 같다. 차규선 작가는 '분청 회화'라는 재료 변화를 통한 새로운 기법으로 자연의 표면을 질감 그 자체로 표현한 바도 있는데, 대구 신세계백화점 전시인 〈화원〉에서 선보인 작품들에서는 그 질감이 한층 더 두텁게 느껴진다. 그런데 질감을 강조하면서 점점 '틈'이 깊어진 것은 아닐까?

*

하지만 그 같은 변화에도 불구하고 차규선 작가의 작품에는 어떤 공통점이 있다. 특히 꽃을 그린 작품들에는 검은 가지 사이로 존재하는 허공, 즉 어둡게 그려지든 밝게 그려지든 꽃과 가지의 바탕이 되는 허공이 마치 "또다른 세계"의 입구 같은 느낌을 준다. 「내곶지」(2020)도 그러하며, 「매화」(2017, 248.5×333.3)도 한참을 보면 꽃이 가장 앞에 있고 그 꽃을 가능하게 한 검은 가지가 그 뒤에 있으며, 갈색 허공이 농담의 차이를 두고 바탕을 여러 겹으로 이루고 있다. 이것은 다른 '매화' 작품에서도 반복적으로 보이지만, 눈 덮인 산을 그린 그림들에서도 골짜기와 능선, 나무들 사이로 색감이 얕게 멀리 처리되든 아니면 두껍게 가까이 처리되든 그 차이는 있지만, 내게는 비슷한 것이 느껴진다. 나는 이것이 '작품의 숨골'이라는 것인가 생각해 봤다. '작품의 숨골'은 내가 시를 읽을 때 간혹 느끼던 것에 이름 지어 본 것인데, 하이데거의 말마따나 회화마저도 "넓은 의미에서의 시 지음의 한 방식"(「예술작품의 근원」)이라면 이 언어를 차규선 작가의 작품에 슬며시 들이밀어 보는 일이 영 무리는 아닐 것이다.

그렇다면 이번 「헌화」 시리즈에서 '작품의 숨골'은 어디에 있는가? 앞에서 말했듯 꽃, 가지, 허공 중에서 한 가지를 다른 두 가지에 함축시킴으로써 '작품의 숨골'이 전경화된 느낌도 없지 않다. 그것은 '힘'이 이전의 작품들처럼 먼 곳으로 물러나면서 심연이 되는 것이 아니라 앞으로 다가옴으로써 우리의 감성을 뒤흔들기 때문이다. 나는 이전 작품의 이런 경향을 '어두운 – 환함'으로 이번 작품의 경향을 '환한 – 어두움'으로 불러보기로 한다. 이 두 용어는 그냥 편한 대로 적당한 반반(半半)을 의미하는 게 아니라, 우리가 사는 세계가 어둠과 밝음의 상호작용, 뒤얽힘(이것을 '태극'이라고 부르는 모양이다)이라는, 작가 자신도 모르게 가지고 있는 인식이 엿보여서 내가 만들어 본 말이다. 어차피 예술가는 자신의 무의식에 대해 알지 못하면서도 작품으로 내보이는 존재니까 말이다. 이것이 차규선 작가가 사물을 너무 멀리서도 너무 가까이서도 보지 않는 태도와 혹 연결되고 있는 것은 아닌지 모르겠다. 하지만 기계적인 중도는 아니다. 사물의 진실을 향한 '예술적 거리'라고 불러도 무방할 것이고, 다른 이름으로는 '중용'에 다름 아닐 것이다.

니체의 말대로, 예술이 생의 변용이자 고양이라면 작가와 더불어 향유자도 이 '변용과 고양'에 참여하는 자다. 그리고 작품의 완성이 향유자 안에서 이루어진다는 명제가 진실이라면, 우리가 사는 지금 현실에서 예술은 더더욱 필요할 것이다. 니체가 예술이 생의 변용이자 고양이라고 한 것은 기왕의 진리 개념, 즉 '여기'에 사는 삶을 부정하며 성립되는 '저기'를 진리라고 불렀던 서양의 오랜 정신적 전통에 대한 비판 때문이었다. 앞에서도 말했듯 '저기'는 절대적이지 않다. 물론 '여기'도 절대적이지 않다. 차규선 작가는 그것을 이미 알고 있었던 것 같다. "자연과 나 사이의 또다른 세계"를 말하고 있지 않은가? 사실, 우리가 사는 세계가 어둠과 밝음이 서로 싸우고, 사랑하고, 밀고, 당기는 변함 없는 운동의 결과라면, 예술은 그 운동에 동참함으로써 "내가 알지 못하는 세계"를 창조하는 것일 게다. 그런데 이는 희망이나 목적으로서 존재하는 것이 아니다. 예술은 오로지 믿을 뿐이다. 아는 것이 아니라 믿는 것! 이것을 부단히 수행할 때, 그러한 과정 속에서 생은 변용되고 고양된다.

이번 전시 〈헌화〉는 작가가 우리에게, 작품과 향유자 사이에도 우리가 "알지 못하는 세계가 존재하리라"는 믿음을 갖고 함께 가보자는 권유다. 예술가가 자신의 작품으로 말 거는 방법은 오로지 이런 수동적인 권유밖에 달리 없다. 작품을 창조하는 과정에서 발휘되던 용맹은 작품을 세상에 내놓자마자 수동적인 뒷걸음질이 된다. 그러지 말자고 내가 잠시 '우정 출연'을 해봤는데, 잘 되었는지는 모르겠다.

부기 : 차규선의 지난 전시 〈화원〉을 보고 나는 「어둠의 색깔」이

라는 시를 쓴 적이 있는데, 그 일부는 이렇다.

    우리가 버리고 살아 왔던 어둠이

    우리의 바다라는 것이다

    처음 하품을 하던 생명이

    덮고 깔고 부둥켜안고 까무러치는 것도

    모두 어둠의 역사(役事)

    그래서 우리는 온통 흩뿌려진 꽃잎이다

정지의 힘

 발터 베냐민은 '역사철학테제'로 알려진 「역사의 개념에 대하여」를 쓰기 전 메모에 요즘에 널리 회자되는 말을 남겼다. "마르크스는 혁명이 세계사의 기관차라고 말했"지만 현실을 보건대, "아마 혁명은 이 기차를 타고 여행하는 사람들이 잡아당기는 비상 브레이크일 것이다"는 말이 그것이다. 이 말의 자세한 뜻을 이해하려면 일단 스탈린과 히틀러 사이의 불가침조약이 그 역사적 배경임을 알아야 한다. 베냐민은 파시즘과 사회주의가 손잡은 사건을 접하고 대단한 충격을 받았고, 승리자의 역사를 중단시켜야 한다는 생각에 휩싸인 것 같다. 이 지점에서 '비상사태'가 등장한다.
 베냐민은 "억압받는 자들의 전통"에는 "'비상상태'가 상례"인데 이에 대응해서 "진정한 비상사태를 도래시키는 것이 우리의 과제"라고 말한다. "억압받는 자들의 전통"에 상례적으로 있어

온 '비상사태'를 연속체로서의 역사를 폭파시키는 개념으로 전유한 것이다. 그런데 이런 베냐민의 생각은 단지 히틀러-스탈린 밀약 때문에 돌출한 정념만은 아니었다. 그는 독일의 혁명 세력이 사회민주주의로 퇴행을 거듭해온 역사적 사실을 상기한다. 베냐민은 이 퇴행이 '진보'의 이름으로 행해졌다는 점을 지적하며 곧바로 급소를 가격한다. "파시즘이 승산이 있는 이유는 무엇보다 그 적들이 역사적 규범으로서의 진보의 이름으로 그 파시즘에 대처하기 때문이다." 베냐민이 말하는 진보는 단적으로 말해, "자연의 착취로 귀결되는" 기술의 진보와 프로테스탄트적 노동 윤리를 가리킨다.

백무산 시인은 〈창작과비평〉 2020년 여름호의 대담에서 자신을 사람들이 '영원한 노동시인'으로 부르는 현실을 담담하게 술회하기도 했는데, 사실 백무산 시인은 자본주의 하에서의 임금노동이 존재를 어떻게 파괴하고 폐기처분했는지에 대해서 그치지 않는 사유를 이어왔다. 따라서 그를 '영원한 노동시인'이라고 부를 때는 보다 나은 노동 조건을 위한 시적 싸움을 벌였다는 협소한 시각을 먼저 버려야 한다.

2020년 봄에 펴낸 시집 『이렇게 한심한 시절의 아침에』에는 아주 쓰라린 시인의 읊조림이 담겨져 있다. 시집에 실린 작품 중 「그때가 좋았지」는 작품에서 친구의 병문안을 간 시의 화자는 다음과 같이 말한다. "그때가 좋았지/ 그땐 이처럼 버려지진 않았으니까/ 그땐 이처럼 쓰레기는 아니었으니까". 처음 이 작품을 읽었을 때, 갑자기 영혼이 암전되어 버리는 듯한 통증이 찾아왔다. 그런데 이 '영원한 노동시인'은 아주 오래 전에, 그러니까 첫 시집인 『만국의 노동자여』 때부터 그것을 알았던 것 같다.

사실 첫 시집에 실린 적잖은 작품들이 고향 영천의 서정이기도 하지만, 제목부터, 그리고 1부에 배치된 뛰어난 작품들 때문에 시인의 근원적인 그리움이 가려지고는 했다. 하지만 첫 시집에 실린 「해방공단 가는 길·3」에는 백무산 시인의 마음 가장 아래에서 올라온 목소리가 울리고 있다. 시인은 "진정 해방된 일터"는 "더 좋은 봉급"이나 "더 짧은 노동시간", "덜 거친 일터"도 아니라고 말한다. 거기는 바로 "모든 것을 되돌려 놓을 땅"이다. 모든 것을 되돌려 놓는다? 이 말의 깊은 의미를 알려면 아주 장문의 에세이가 필요할 텐데, 일단 작품 해석을 떠나서 "모든 것을 되돌려 놓을 땅"이 주는 울림은 지금도 작지 않다. 어쩌면 백무산 시인은 "모든 것을 되돌려 놓을 땅"을 찾기 위해 그동안 시를 써왔는지도 모르겠다.

기후위기 문제를 급부상시킨 것은 아이러니하게도 코로나 팬데믹이었다. 2년째 지속되고 있는 코로나 팬데믹은 우리에게 엄중한 질문을 던졌지만 그 질문의 의미를 우리가 충분히 알고 있는지는 의문이다. 몸과 마음이 지쳐서겠지만 우리는 막연한 일상의 회복만을 바라고 있을 뿐이다. 그리고 더는 질문을 받지 않겠다는 태도와 언어들이 넘쳐난다. 그러나 우리가 과거의 일상으로 복귀한다고 해서, 또는 무거운 질문은 더 받지 않겠다고 하더라도 사정은 달라지지 않는다.

　우리가 처해 있는 진짜 현실은 이제 그만 멈추라는 살아 있는 목숨들의 절규이다. 그런데 무엇을 멈추라는 것일까? 그것은 대량 생산과 대량 소비, 너무나 당연시되는 해외여행, 무조건적인 공항 건설과 멈추지 않는 핵발전소, 자동차를 위한 도로 확충, 벼 대신 태양광 패널을 심는 논, 언제나 어디서든 일하다 떨어져 죽고 끼어서 죽게 되어 있는 산업 문명 그 자체를 멈추라는 것이다.

　이 말은 결국 더 많은 이윤과 더 많은 쓰레기를 생산하는 경제 성장을 포기하라는 것과 같은 말이다. 지금 당장 비상 브레이크를 잡아당기지 않으면 우리에게 "모든 것을 되돌려 놓을 땅"은 도래하지 않으며 지금처럼 우리 자신이 쓰레기가 되는 현실만 계속될 것이다. 그러니 "씨앗처럼 정지하라. 꽃은 멈춤의 힘으로 피어난다".(「정지의 힘」)

노벨 문학상의 너머

 지난 10일 밤 이후, 한강 작가의 벼락같은 노벨 문학상 수상의 열기가 아직 식지 않고 있다. 사실 우리에게나 벼락같은 소식이었지, 스웨덴에서는 이미 한강 작가에 대한 관심이 높았다고 한다. 확실히 아시아 최초 여성 작가니, 대한민국 최초니 하는 수식어들은 대한민국의 공기를 마취시킨다. 그럼에도 불구하고 아무 전제 없이 한강 작가의 수상을 축하드린다. 다만 그것과는 별개로 그리 단순하지 않은 이 열기가 무엇인지도, 열기가 가라앉은 다음에 짚어볼 문제인 것 같다. 또 한강 작가의 노벨 문학상 수상이 우리에게 무얼 묻고 있으며 노벨 문학상의 태생적 한계를 극복하는 문학이란 무엇인지에 대해서도 앞으로 숙고해야 할 과제다.
 스웨덴 한림원은 선정 이유에서 한강 작가가 "역사적 트라우마를 직시하고 인간 삶의 연약함을 드러내는 강렬한 시적 산문을 선보였다"고 밝혔다. 이 짧은 선정 이유 앞에서 우리는 여러 생각을 하지 않을 수 없게 된다. 한림원이 어떤 맥락으로 말했든 우리는 우리의 트라우마를 떠올릴 수밖에 없기 때문이다. 성실한 소설 독자가 아니어서 감히 말하긴 어렵지만, 일단 『소년이 온다』는 1980년 5월 18일 광주를 명징하게 가리키고 있고, 『작별하지 않는다』는 제주 4·3을 다루고 있다고 하니 더욱 그렇다. 작가에게 맨부커상의 영예를 안긴 『채식주의자』도 폭력 문제를 다루고 있다는데, 이 고통스러운 짐을 지고 문학을 했다는 작가에게 잠시나마 경외의 마음이 생기지 않을 수 없다. 지금도 끊이지 않는 폭력 앞에서 우리는 때때로 무력감에 빠지지만, 그럴 때마다 비틀거리며 우리 옆을 스쳐 걸어가는 존재가 있다면 아마 그게 문학일 것이다.

사실 폭력의 원인은 어디엔가 분명히 있기 마련이다. 이 폭력의 원인을 인간 본성에 두고 끝도 없는 기원을 찾아나서는 일은 허망한 지적 허영일 수도 있다. 우리는 지금 당장 벌어지고 있는 폭력의 근원을 먼저 더듬어보는 일을 통해 형이상학적 차원으로 도약할 수 있을 뿐이다. 그런 맥락에서 한림원이 밝힌 한강 작가의 "역사적 트라우마"의 원인은 아주 가까운 데 있는 것이며, 그것은 분명 우리 모두의 것이다. 그런데 좋은 문학 작품에서 우리가 느낄 수 있는 게 혹 그런 트라우마의 공동체는 아닐까. 그래서 좋은 문학 작품은 섣불리 처방전을 제시하지 않고 함께 앓음으로써 의도하지 않은 해방의 빛을 독자의 영혼에 조금 흘려 넣어준다.

그렇다면 우리가 갖고 있는 트라우마는 구체적으로 무엇일까. 한강 작가처럼 5·18과 4·3을 가리킬 수도 있지만, 그것을 가능하게 한 연원을 알려면 조금 더 소급해 올라가야 할 것이다.

제3세계의 특징은 보통 세 가지로 압축된다. 식민지 경험, 내전, 군사독재. 그러고 보면 우리의 근대사는 이 세 가지를 아주 혹독하게 지나왔다. 피식민지 기간 일제의 수탈은 치명적이었으며, 내전은 아예 국제전으로 치렀는데 아직도 끝나지 않은 채 분단으로 고착됐다. 독재는 또 어떤가. 군인은 아니었지만 이승만의 독재가 있었고, 4·19혁명으로 얻은 1년을 빼고 다시 박정희의 18년과 전두환의 7년을 합치면 30년이 넘는 시간을 독재의 억압 속에서 산 셈이다.

그러한 우리의 역사가 특이한 것은 거기에 경제성장이 보태졌다는 점일 것이다. 이 경제성장으로 제3세계적 특징이 사라진 듯 보이지만, 우리의 내면에는 보이지 않는 내전(분단)의 트라우마가 여전하고 그것은 오늘도 반복되고 있다. 또 우리를 세계 무대로 밀어 올린 경제성장에는 생태계의 파괴와 기후변화라는 역풍이 도사리고 있었음도 사실이다. 이러한 경제성장을 토대로 해서 지금의 '문화적 융성'이 가능한 건 아닐까, 하고 물어보는 것은 그래서 괜한 트집 잡기가 아닌 것이다.

프랑스의 역사가 쥘 미슐레는 르네상스의 원인으로 "세계의 발견과 인간의 발견"을 꼽으면서 16세기의 "거대하고 정당한 팽창을 통해 콜럼버스"와 코페르니쿠스, 갈릴레오를 거친 "지상의 발견에서부터 천상의 발견"이 그것을 가능하게 했다고 말한 적이 있다. 하지만 미슐레의 판단과는 다르게 콜럼버스를 통한 세계의 발견은 전혀 정당하지 않았다. 그게 근대 식민지의 서막이었기 때문이다. 어찌 보면 근대의 문화예술에는 어두운 얼굴이 숨겨져 있다. 반면에 우리의 문학은 그 어두운 얼굴을 직시하면서 풍성해질 수 있었다. 그런 우리 문학도 언제부터 경제성장에 빚지기 시작했으니 역사란 참으로 복잡 미묘하기만 하다.

아무튼 우리에게 여전히 제3세계적인 속성이 완강하다는 점은 분명한데, 거기에 덧붙여 '기후악당 국가'라는 제국적 속성과 그것의 필연적 결과이자 원인인 극심한 경제불평등 또한 엄존한다. 이 모든 것을 극복하는 게 문학의 과업이라고 하면 지나치겠지? 하지만 이 모든 것을 함께 앓으며 넘어서려는 언어가 '노벨 문학상의 너머'가 아닐까?

자신과의 대화로서의 소통

1

플라톤의 대화편은 그 당시 하나의 문학 양식이었다고 한다. 플라톤 자신이 문학에서 철학으로 '전향'한 사람이어서 그런지 아니면 철학적 글쓰기에 대한 양식이 정립되기 전이어서인지는 잘 모르겠지만, 그의 대화편은 플라톤 자신의 철학은 물론 역사적 소크라테스의 일면을 남기는 성과를 거두었다. 플라톤의 시인에 대한 적대적 입장은 널리 알려진 사실인데, 여기에는 현실적인 이유도 있었다. 호메로스가 차지하는 압도적인 영향 아래서 소피스트들이 교육 과정의 일부로 시인들을 이용했고 소피스트들과의 지적 투쟁 가운데서 시인에 대한 의도적인 탄핵 가능성도 없지 않았을 것이다. 무엇보다도 시를 초자연적 신들림이라든가 신탁에 대한 답을 들려주는 것처럼 행세하는 당시의 시인들에게서, 플라톤은 요즘 말로 반지성을 봤을 수도 있다. 뮈토스(Mythos)에서 로고스(Logos)로 넘어가던 에피스테메(Episteme)의 전환기에 플라톤은 그것에 충실하면서 동시에 주도했다고 말할 수도 있을 것이다. 이는 시가 로고스의 역할까지 감당했던 시대에, 시에서 로고스를 떼어 내어 철학이 전유하려는 사건이 있었는데 한편으로 시가 가진 도덕적·정신적 영향력으로는 민주주의가 쇠퇴해 가면서 보이는 아테네의 혼란을 수습하지 못할 것이라는 정치적 판단이 플라톤에게 있었다면 그것은 그것대로 생각해볼 만한 문제이다.

'정치시' 이후 '미투 운동'을 거치면서 시에게 가해졌던 '정치적 올바름'의 압력이 다소 완화된 지금 시기에 시와 현실의 문제에 대한 숙려가 더욱 필요한데, 이는 눈앞의 문제를 해결해야 한다는 강박에서 얼마간 자유로운 상황이 도리어 적기이기 때문이다. 이는 시의 책무가 문제 해결에 있지 않음을 반증하는 것일 수도 있다. 시가 더 이상 신탁에 대한 대답이 아니라면 문제 해결에 대한 능력은 신화의 시대 이후 사라졌다고 보는 게 맞을 것이다. 그렇다고 플라톤처럼 시에서 로고스를 떼어 내어 철학이 전유하게 하는 게 옳은지 따져보는 것은 별개의 일이다. 낭만주의 문학 이후 사실주의와 또 그것에 대한 반항으로 모더니즘 문학이 등장하면서 문학이 점차 분업화의 길을 걸었던 역사는 플라톤 시대의 반복은 아니지만 모종의 유사성을 갖는다. 모더니즘의 시대가 노동의 분업화가 확실하게 자리잡아 가던 시기와 겹친다는 사실도 유의 깊게 살펴야 할 지점이다.

  혁명의 시대에 낭만주의 문학이, 그리고 부르주아의 시대에 사실주의 문학이 탄생한 것과 마찬가지로 자본주의가 절정으로 달려가던 시대의 복판에서 모더니즘 문학이 주도적 흐름이 된 것은 역사에서 확인되는 바 그대로이며, 심지어 한국의 역사에서도 되풀이된 현상이기도 하다. 그렇다면 현재 우리가 만들어 내고 있는 문학은 문학사의 어느 자리에 위치해 있을까? 나는 이에 대한 답을 영민한 비평가들이나 훗날의 문학사가들에게 맡기고자 한다. 다만 '지금 여기'의 문학에서, 특히 시에서 발견되는 몇 가지 특징을 염두에 두며 그 특징들의 현실적 배경이 무엇인지 더듬어 보는 것으로 면책을 꾀하고자 한다. 문학적 흐름의 정리 및 조사는 문학 연구자들의 몫이지만 우리가 접하고 있는 작품들을 가능케 한 배경에 대한 탐색은 지금 당장의 공부 거리이기도 하다.

  올해, 그러니까 2022년 문학장에는 몇 가지 이채로운 장면들이 있었다. 먼저 여성 농민 작가 정성숙이 쓴 첫 단편집 『호미』(삶창)가 소설 부문 신동엽문학상을 받은 사실, 그리고 김명기 시인의 『돌아갈 곳 없는 사람처럼 서 있었다』(걷는사람)가 고산문학대상과 만해문학상을, 문동만 시인의 『설운 일 덜 생각하고』(아시아)가 이육사시문학상을 수상한 일이다. 세 사람의 공통점은 자기 자리에서 꾸준히 작품을 써 왔다는 것일 게다. 정성숙은 거의 완벽한(?) 무명임에 비해 김명기와 문동만은 많지는 않지만 문학적 소출이 있었다. 이 현상이 우리 문학에 얼마나 깊은 사건이 되는지에 대해서는 자신 있게 말할 처지는 아니고, 또 주요 문학상 수상이 문학의 본질 문제에 얼마나 닿아 있는가 하는 의문도 가질 수 있다. 그럼에도 불구하고, 최근의 한국 시가 처한 어떤 지리멸렬 상태 중에서 나타난 현상이기에 이 물결이 어디까지 퍼질 수 있는지에 대한 관심은 자연스러운 것이며, 아울러 얼마나 깊이를 가진 현상인지 생각해보는 것도 과연 적절한 일이다. 이 모든 것을 여기서 다 다룰 수 있는지는 자신할 수 없으나 우회로를 택해서라도 우리가 서 있는 자리를 다질 수 있다면 그것도 나름 의미 있는 시도일 것이다. 문제는 지리멸렬 상태에 대한 부족한 증거일 테고 만일 이 직관적인 판단마저 터무니없는 것이라면 이 글의 운명 또한 빤하다 하겠다. 그만큼 이 글은 자의적일 수 있다는 뜻인데, 까짓것, 때로는 도약대 없는 도약이 허공에 생기로운 선(線)을 남길 수도 있지 않을까.

2

앞에서 아주 간략하게 시대적 특징과 문학의 주도적 흐름의 관계를 짚었지만, '주도적'이라는 말에는 차이를 뭉뚱그려 버리는 폐단이 있음은 물론이다. 자본주의라고 하더라도 초기의 산업자본주의와 20세기 초의 제국주의 시대, 그리고 그 연속으로서의 신냉전과 20세기 중후반은 그 성격에 차이가 있다. 그래도 여기까지는 어쨌든 산업자본주의 시대라는 큰 틀에서 말할 수 있음 직하다. 하지만 이 산업자본주의의 성장 속에서 과학기술의 첨단화, 즉 테크놀로지 시대는 배태되고 있었다. 마르크스는 자본주의가 성장할수록 총자본의 이윤량은 늘어나도 개별자본의 이윤율은 전반적으로 하락할 것으로 예상했는데, 그것은 자본주의가 자본가들 사이의 살인적인 경쟁도 촉진하기 때문이다. 그럼으로써 중소자본의 몰락과 대자본으로의 편입은 계속될 것이라고 봤다. 중소자본의 몰락과 대자본의 거대화는 자본의 유기적 구성에 변화를 가져온다. 토지, 생산시설, 생산 원료, 사회간접자본 같은 불변자본은 증가하고 노동력 같은 가변자본은 감소하는 경향 말이다.

산업자본주의에서 테크놀로지 자본주의로의 전환은 이러한 자본의 성격 변화에 기인하는 바가 큰 것으로 보인다. 서구자본주의가 20세기에 성장할 수 있었던 절대적인 이유는 바로 식민지 지배 때문이었는데, 자본주의 체제는 기본적으로 수탈을 통해 다져진 착취 구조에 기반한다. 마르크스가 시초축적의 역사에서 획기적인 것은 "폭력적으로 그들의 생존수단에서 분리되어 무일푼의 자유롭고 '의지할 곳 없는' 프롤레타리아들로 노동시장에 투입되는 순간이었다"(『자본 1』, 26장 '시초축적의 비밀')고 말할 때, 수탈이 착취를 위한 전 단계임을 예리하게 지적한 것이다. 즉 수탈 없이는 착취 구조가 불가능하다는 점, 그리고 수탈과 착취는 노예의 탄생과 지속의 기반이라는 변별점을 갖는다는 사실을 부연해 두고자 한다. 양차 세계대전을 통해 세계의 패권이 미국으로 넘어간 것도 유럽 각국의 식민지가 독립해가는 과정과 전혀 상관 없지 않을 것이다. 식민지를 수탈하던 관성을 더 지탱하지 못하자 유럽의 자본주의는 점점 미국 의존적이 되어 갈 수밖에 없었다. (최근의 사태인 우크라이나 전쟁은 일종의 자기 폭로 아닐까?)

하지만 불변자본이 증가한다고 해서 자본의 이윤도 자동적으로 증가하는 것은 아니다. 마르크스가 분석한 이윤의 원천은 잘 알려졌다시피 바로 노동력의 착취였다. 사실 불변자본 자체도 별 색다른 것이 아니라 '죽은 노동'에 다름 아니다. 거기에도 노동력이 투여되었기 때문에 '죽은 노동'으로서의 불변자본이 탄생한 것이다. 앞에서 말했듯이 서구자본주의의 고도성장은 식민지의 수탈을 통해서 값싸게 가져온 천연자원과 새로운 식민지 시장, 그리고 식민지 민중의 노동력 때문이었음은 잘 알려진 사실이다. 그런데 20세기 들어 노동운동의 성장과 복지 체계의 확대와 함께 산업자본의 위기가 찾아왔고 그것의 돌파구가 우리가 알고 있는 신자유주의, 즉 금융자본주의이다. 금융자본주의는 한편으로는 부채를 통해 미래를 수탈하는 시스템이면서, 인류가 마지막까지 공공재로 가지고 있던 것들의 전면적인 교환가치로의 전환 시스템이기도 하다. 인류가 과거로부터 물려받은 물질적, 정신적, 정서적 유산들은 지금 돈을 내지 않으면 향유하지 못하거나 사용할 수 없다. 나아가 국가 기반 시설을 싼값에 금융자본에게 매각했던 기억을 우리도 가지고 있는데, 정치와 금융자본의 카르텔은 민주주의의 질적인 후퇴를 가져왔다. 정치가 자본을 통제하지 못하는 사태가 일반화된 것이다. 즉 대다수의 나라에서 민주주의를 후퇴시키고 실질적인 과두정을 불러들인 것은 신자유주의, 금융자본주의였음이 점점 확연해지고 있다.

금융자본의 팽창과 테크놀리지 산업의 급성장이 모종의 관계를 맺고 있는 것은 자명해 보인다. 먼저, 금융자본의 부도덕적 행태가 테크놀로지 산업에 크게 힘입은 것도 사실이고, 금융자본이 본격적으로 활개를 치기 시작한 때가 인터넷의 발달과 불가분 연관되어 있음은 너무도 명료한 사실이다. 문제는 이 두 분야의 상호 되먹임이 만들어내는 어떤 환영일 것이다. 이제 누구도 페이스북 소스 코드를 다 알 수가 없을 정도라는데, 이는 테크놀로지 산업이 앞으로 일으킬 수 있는 문제를 통제할 수 있는 장치를 잃었다는 방증으로 읽어도 무방하다. 인간의 정서를 주어진 유무형의 조건들에 변화하는 카오스에 비유해도 크게 틀린 말은 아닐 텐데, 지금 우리는 몸으로 직접 만나는 구체적 사물과 사건들이 아니라 테크놀로지 산업이 해석하고 편집하는 정보와 정념들에 휘둘리고 있다고 해도 과언이 아니다. 문제는 페이스북 소스 코드처럼 실제 우리 현실의 소스 코드(금융시스템)도 통제 불가능한 것은 아닌가 하는 점이다. 대의제 민주주의가 이처럼 작동불능 상태로 빠진 것은 정치와 금융자본의 결탁 때문이지만, 이제는 그 대가로 대의제 민주주의 자체가 위험에 빠져 버렸으며, 공화정의 전통마저 흔들리고 있는 형국이다. 그리고 이런 현상의 첨병에 테크놀로지가 있다.

3

이반 일리치가 전해 주는 어릴 적 에피소드에 다음과 같은 게 있다. 오스트리아의 빈에서 태어난 일리치는 태어난 지 한 달 뒤에 크로아티아의 브라츠 섬으로 보내지는데, 거기에는 일리치의 할아버지가 살고 있었다. 그런데 언제인가 할아버지가 사는 마을에 확성기가 들어오게 되자 남자든 여자든 모두 고만고만하게 말하던 사람들의 목소리가 커지기 시작했고, "그날부터 마이크를 누가 잡느냐에 다라 누구의 목소리가 확성되는지가 결정"됐다(『과거의 거울에 비추어』, 「빼앗긴 공용, 들판과 고요」). 이를 일러 일리치는 '정적(靜寂)이라는 공용(commons)의 파괴'라고 불렀다.

작은 확성기로 인해 달라진 마을 사람들의 목소리에 지나치게 예민한 일리치를 타박하는 것은 이 에피소드의 진의를 제대로 파악하지 못하는 것이다. 정적이라는 커먼즈가 파괴된 것은 직접적으로 마을 사람들의 목소리의 변화와 마이크에 대한 욕망 때문이지만, 그것을 부추기고 강제했던 조건은 바로 확성기라는 도구이다. 인간은 사용하는 도구에 따라 내면의 변화가 찾아오는 동물이다. 어쩌면 이게 생명의 기본 속성인지도 모르겠는데, 변한 환경에 적응하지 않으면 곤란한 일이 벌어지기 때문이다. 심지어 생존 자체를 위협받을 수도 있다. 인간 사회의 규범이라는 것은 이렇게 현실적 조건에 의해 변해가는 것이고, 그래서 규범이나 도덕은 역사적이고 문화적인 현상에 가깝다. 하지만 흐르는 강물이 그렇듯이 수면의 흐름과 강바닥의 흐름에 차이가 있는 것처럼 인간이나 그가 속한 공동체의 변화도 급류가 아닌 부분이 있기 마련이고 또 있어야 한다. 그리고 변화라고 하는 것도 자연적, 우주적 변화가 아니라 파괴적인 변화라면 일단 멈춰 세워야 하는 게 옳다.

우리 시사(詩史)에서 난해시의 문제는 언제나 있어 왔다. 얼마 전부터인가는 그게 '소통'의 문제로 회자되고 있는 중인데, 소통의 도구가 이렇게 많은 현실에서 참으로 아이러니한 현상이 아닐 수 없다. 단적으로 말하면, 소통은 지나치게 많고 또 활발하다. 어쨌든 문맹이 있는 것도 아니고, 텔레비전과 휴대폰은 집집마다 개인마다 다 구비되어 있으니 소통에 필요한 물적 기반은 유례가 없이 풍족하다 할 것이다. 그런데 소통이 안 되는 시가 넘쳐난다는 아우성이 들린다면 그게 도대체 무슨 현상인지 관심을 가질 만하다. 이른바 소통이 안 되는 시, 즉 난해한 시들은 어떻게 만들어진 것이고 왜 특정 세대의 시에서 불통의 의지를 느끼는 것일까. 이 문제에 대해서, 문외한이어서 그럴 테지만,

심도 있고 본격적인 논의가 있어 본 적도 없기도 하지만 이것은 '논의'로 해결될 문제도 아닌 것 같다. 나는 도리어 우리가 사는 풍요의 시대 자체가 소통을 염두에 두지 않는 시를 쓰게 하는 현실적 배경이라고 짐작한다. 즉 시가 세계에 대한 종합적인 인식에서 어떤 무능을 드러낼 때, 시의 언어 또한 시인 자신의 쇄말적인 경험에 기대게 된다. 그리고 시는 독자가 다 이해하지 못해도 된다는 '근대 시인' 특유의 에고이즘도 거들었을 것이다. 이와 반대로 기존 서정시의 상투성에 대한 차별화 전략도 개입하지 않았나 생각된다. 시는 이해하는 게 아니라는 말은, 적은 일부는 맞고 많은 일부는 동의할 수 없는 주장이다. 그것은 일종의 자기 알리바이에 가깝다. 불통의 시에서 어쩔 수 없이 느끼는 것은 파편화된 언어이며, 파편화된 언어는 파편화된 인식의 소산이고 그 파편화는 자본주의의 극단인 금융자본과 테크놀로지가 만들어낸 인식의 협애화에 해당된다. 그런데 이는 시인들만의 문제가 아니다. 속도와 주기의 단축이 우리에게 끼친 영향에 대해서는 누군가 꼭 다뤄야 할 철학적인 문제다.

  모두에서 플라톤의 대화편을 다소 무리하게 끌어들인 것은, 문학이 기본적으로 대화 장르가 아닌가 하는 말을 하고 싶어서였다. 소셜미디어나 매스미디어를 통하지 않은 육성의 대화. 이게 과연 가능한 세상이냐고 반문하는 것은 별 의미가 없다. 이 대화는 자기 자신과의 대화도 포함하기 때문이다. 부러 못 알아듣게 쓰는 것도 시인에게 허용된 작은 특권이기는 하지만, 그 시적 췌언이나 요설도 표현의 범위와 깊이를 더하게 하는 데 이바지해야 하는 것이다. 그렇지 않으면 어떤 방종에 빠지게 만들 터인데, 이 방종의 명함에는 언제나 '새로움'이 언제나 박혀 있다. 하지만 그 '새로움'도 오래되면 진부해지는 것은 자명한 이치이고 나중에는 '새로움' 물신주의가 없으라는 법 없다. 그리고 이 '새로움' 물신주의는 자본주의의 무의식이기도 하다.

   언어에 대한 하이데거의 언설은 차고 넘치지만 다음과 같은 말도 깊이 생각할 가치가 있다. "인간은 마치 그 **자신**이 언어의 형성자이자 지배자인 척 거드름을 피우나, 언어는 여전히 인간의 주인으로 남아 있다. (…) 우리가 말함의 신중함에 머무는 것은 좋지만, 언어가 단지 표현의 수단으로서만 우리에게 봉사하고 있는 동안에는, 그것은 아무런 소용도 없다. 우리 인간들이 우리 자신에 의해 **함께 더불어** 말함[의 행위] 속으로 가져올 수 있도록 가져올 수 있는 모든 건네진 말들 가운데 언어야말로 최상의 것이자 어디에서나 최초의 것이다."(「건축함 거주함 사유함」, 강조 – 원문) 언어에 대한 하이데거의 이 말을, 우리 주위에 밤낮없이 떠도는 언어는 우리의 그릇된 지배 의식을 나타내는 것이라고 뒤집어 읽어도 무방할 터이다. 우리가 언어를 생산한다고 믿고 있지만 어쩌면 우리는 언어의 선택을 받고 있는지도 모른다. 만일 그렇다면 그 언어는 어디에서 오는 것일까? 만일 언어 또한 '공용'이라면 언어에 대한 지배 의식이 우리를 소통 속의 불통 상태에 빠뜨리는지도 모른다.

마이크를 들자 켜져 버린 목소리처럼 테크놀로지가 양산한 정보와 다름없는 언어 또한 "우리가 언어의 형성자이자 지배자인 척 거드름"을 피운 그간 역사의 결과일 것이다. 반면에 기성 서정시의 경우, 규범이나 도덕이 역사적이고 문화적인 것이라는 진실을 도외시한 채 낡은 규범과 정서를 강조하면서 언어의 경직화에 보탬을 주고 있는 것은 아닐까? 어떻게 보면, 둘 다 대화를 잃어버린 언어들이다. 우리가 쓰는 언어라는 것이 진리의 사태에 동참하는 것이 아니라 테크놀로지의 언어를 포집해 사용하고 있는 것이라면 우리가 돌아가야 할 길은 나온 셈이다. 인공지능 프로그램이나 고성능 디지털카메라에 기대려는 문학적 시도들에 맞서 자기 자신과의 대화를 회복하는 것이다. 이것은 개인 수양의 문제가 아니라 파편화에 맞선 생태주의적 시도이기도 하고 우리가 살고 있는 현실을 넘어서는 실천의 일보이기도 하다.

우리에게 부족한 것은 자기 자신과의 대화이다.

서로 돕는 고르게 가난한 사회

제2부

기후위기와 회복의 언어

너무도 명백한 사실이지만, 실질적인 대책에 대해서는 아무런 움직임이 없어 보이는 기후위기 문제에 대해서 시 쓰는 일개 개인이 무슨 할 말이 있을지 막막하기만 하다. 기억을 더듬어 보면, 어릴 적의 기후와 지금의 기후가 많이 달라지기는 했지만 우리의 감각은 그 변화에 어지간히 적응해온 것도 사실이다. 예를 들면 몇 년 전 미세먼지가 강타했을 때는 묵시록적인 감정이 들다가도, 아직 멈추지 않은 코로나 때문에 마음이 편치 않기는 하지만, 올 가을의 맑은 날씨에 경탄을 하며 지낸 것도 사실이다.

이는 또 작년 상황을 떠올려 봐도 여실하다. 2020년 여름에는 개인적인 슬픔이 연이은 탓이기도 했지만 긴 장마와 폭우로 기후위기를 깊이 실감하기도 했다. 하지만 또 올해에 들어서는 그런 감정과 인식이 옅어진 현상을 일상 속에서도 느낄 수 있었다. 이는 코로나에 대해서도 마찬가지이다. 달리 생각하면 이런 작은 변화에 민감한 것이 살아 있음의 특징이기도 하지만, 변화에 대한 감정이 이리 변덕스러워서야 '합리적' 이성이 필요한 기후위기에 올바르게 대처하는 것이 쉽지는 않겠구나, 하는 우울감도 생긴다.

    기후위기에 대한 과학적인 논평이나 분석은 내게는 가당치 않다. 이런저런 수치나 과학적인 언설들은 책을 덮으면 어디론가 사라져버리고, 몸에 남은 흔적은 직접 겪은 기억뿐이기 때문이다. 하지만 이런저런 기억이 우리를 움직이기 시작할 때는 이미 늦은 것인지도 모른다. 그래서 이 굼뜨고 게으른 기억을 억지로라도 일으켜 세워 우리가 처한 현실이 매우 중차대함을 스스로 채근하지 않으면 안 된다. 하지만 개인의 개별적 감각과 기억으로는 지구 전체에 닥친 현실을 감당하기가 쉽지 않다. 지금 당장 붉게 지는 노을에 눈길과 마음을 빼앗기는 존재가 인간이기 때문이다. 또는 청명한 밤하늘에 뜬 달빛에, 가라앉았던 그리움이 아지랑이처럼 피어오르는 존재가 어쩌면 평범한 사람들의 마음인지도 모른다.

    하지만 분명한 것은, 기후위기가 우리에게 요구하는 새로운 것이 있다는 점이다. 그것은 그동안 문학사를 통해 끊임없이 요구 받았고, 지금도 요구받고 있으며, 그래서 우리에게 일종의 강박증마저 심어 주었던 그러한 '새로움'과는 성격이 다른 것이다. 기후위기가 우리에게 요구하는 것은 단언컨대 '문학적 새로움'이 아니다. 우리가 알고 있는 문학적 새로움은 어떤 사실 하나를 부동의 진리로 전제한 바탕 위에서 가능한 것이었다. 그것은 바로 우리가 발 딛고 사는 대지가 고정된 것이며, 설령 대지가 운동을 하고 있더라도 지금 영위하고 있는 문명에 급변을 가져올 만큼은 아니라는 전제, 그래서 문학도 굳건한 대지 위에 꽃 핀 문명 안에서 일어나는 점진적 진화 과정이어야 한다는 것이 오랫동안 전제된 진리였으며 진리여야 했다. 사실 따지고 보면 이는 지동설 세계 안의 또 다른 천동설 격이 아닌가.

인도 소설가 아미타브 고시는 『대혼란의 시대』(에코리브르)에서 이 문제에 대해 언급하고 있는데, 그것은 "전 역사에 걸쳐 이러한 문화 영역(시, 미술, 건축, 영화, 산문 소설 – 인용자)은 전쟁, 생태적 재난, 그리고 다양한 형태의 위기에 반응해왔다. 그런데 기후변화는 어째서 그러한 관례와 그토록 특이하다 할 만치 불화하는가?"(21)라는 물음에서 시작된다. 이에 대한 논의를 끌고 가다가 고시는 지질학을 불러들여 지구의 점진설과 급변설을 소개한다. 이 책에서 고시는 급변설의 입장에 서는데 그것은 그가 델리대학에서 석사 과정 공부를 하다 맞게 된 토네이도 경험 때문이다. 그는 그의 머리 위를 관통하고 지나갔던 토네이도에 대해서 "그 순간 내게 일어난 일이 이상하게도 시각적으로 접촉 가능한, 볼 수 있고 보여지는 하나의 종(species, 種)처럼 여겨졌다"(26)라고 말했다.

아무튼 그는 지구 변화의 급변에 대해 다음과 같은 자신의 입장을 덧붙인다.

그러나 골치 아프게끔 자연은 도약(leaf)하지는 않을지 몰라도 분명 점프(jump)하기는 한다. 지질학 기록은 수많은 시간적 틈새가 존재함을 분명하게 보여준다. 그 가운데 일부는 대멸종 같은 사태를 초래하기도 했다. 공룡을 죽게 만든 것도 아마 칙술루브(Chicxulub) 소행성 형태의 그 같은 틈새였을 것이다. 어쨌거나 재난이 지구와 거기서 살아가는 개별 거주자들에게 예측 불가능한 간격으로, 전해졌을 법하지 않은 방식으로 영향을 미친다는 데는 논란의 여지가 없다.(33)

그렇다고 해서 고시가 현재의 기후위기 문제를 어쩔 수 없는 지구의 급변 문제로 돌리는 것은 아니다. "오늘날 볼 수 있는 기이한 기상 사건은 비록 기본적으로는 비인간의 속성을 띠지만 그럼에도 축적된 인간 활동이 빚어낸 결과라는 점이다"(49)라고 그는 분명히 말하고 있기 때문이다. 고시의 이야기를 이 이상 소개하는 것은 무리가 되겠고, 고시가 왜 이런 문제의식을 가졌는가에 우리는 집중할 필요가 있다. 단적으로 말해 아미타브 고시는 우리가 아는 근대문학이라는 것이, 예측 가능한 부르주아적인 삶의 표현을 통해 이와 같은 급변을 무시했거나 또는 급변에 무력하다고 지적한다. 내 식으로 말하자면, 앞에서 말한 '문학의 새로움'마저 기후위기라는 급변 사태 앞에서 이제 새롭게 재고되어야 한다는 것이며, 여기에는 문학이, 우리가 직면한 기후위기라는 아주 고단한 사태를 담을 수밖에 없다는 것이다. 이 사태는 문학이 지금껏 사용해 왔던 언어 자체를 강력하게 압박하고 있다. 하이데거에 기대 말하자면 언어 자체의 전환은 존재 사태에 해당되며, 기후위기가 요구하는 것은 단순한 '탄소 중립'을 넘어 근대자본주의 산업문명이 야기한 것들을 극복할 수 있는 창조적 상상력의 회집(會集)에 해당된다고 할 수 있다.

*

　얼마 전 동네 안양천 가운데 있는 하중도(河中島) 하나를 포클레인이 며칠 째 파헤치기에, 또 무슨 일을 벌이는 것인가 언짢은 마음을 참으며 지켜보았다. 그 하중도는 몇 해 전에 만든 천변 물놀이 시설에 냄새를 피운다고 난데없이 헤집어 놓은 섬인데 그 일로 금천구청 환경과와 대판 싸운 적이 있었다. 하천에 생기는 하중도는 그야말로 냇물이 흐르면서 자연스럽게 만들어진다. 그렇게 생긴 섬에는 우리가 모르는 생명체들이 깃들고 갈대들도 자라서 냇물의 정화에 도움이 되면 됐지 해 될 것은 없다. 그 하중도를 없앤다고 해서 그게 영영 사라지지도 않는다. 왜냐면 흐르는 냇물은 어디엔가 다시 섬을 만들 것이기 때문이다. (지금 봐서는 교각 바로 아래가 유력해 보인다. 아무튼, 이제는 싸우는 것도 지쳐서) 며칠 지켜본 결과는 허무한 것이었는데, 흙무더기를 건너편으로 질질 끌고 가 버리는 것이 전부였다. 냇물이 시원하게 흘러가게 하겠다는 발상 때문인지 아니면 다른 순수하지 못한 구청의 계획이 있었던 것인지는 모르겠지만, 하중도가 사라진 그 근방은 돌연 생동감과 입체성을 잃고 말았다.

안양천에 하중도가 급속도로 늘어난 것은, 내 기억으로는 20년 전쯤부터다. 그 이유는 명백하게 줄어든 수량 탓이고 수량이 줄어드니 물은 흐르기 쉬운 곳으로 점점 몰려서 흘렀고, 비가 오면 잠시 수량이 늘었다 다시 줄면서 상대적으로 물이 적게 흐르는 지점에 모래와 흙이 퇴적되었던 것이다. 그런데 안양천에 하중도가 늘면서 내가 제일 먼저 감득한 것은 안양천 수량의 점진적 감소였다. 기상 데이터를 일일이 확인한 바는 아니지만, 이 말은 강우량의 전반적 감소를 의미하기도 한다. 어쩌면 얼마 안 가서 안양천은 냇물의 기능을 잃고 습지로 변할 가능성도 있다. 좀 과한 반응일지는 모르겠지만, 이것을 내가 생활 속에서 구체적으로 느끼는 기후변화의 한 실례로 삼아도 그리 많이 어긋난 경우는 아닐 것이다. 강우량이 전반적으로 감소하고 있다는 것, 하지만 최근 들어 국지적인 호우가 잦아지고 있다는 것은 우리가 생활 속에서 자주 경험하는 현상이다.

우리는 자연을 너무 추상적으로 이해하고 있거나 또는 낭만적으로 받아들이고 있는지도 모른다. 아니, 이 두 가지는 서로가 서로를 부추기면서 우리의 내면에 웅크리고 있을 것이다. 자연을 하나의 대상으로 삼는 이 오래된 습관은 우리 자신이 곧 자연이라는 기본적인 진실을 가리는 역할을 한다.

인간의 의지가 능동적인 성질을 가진다면, 그것은 바로 하나의 생명체로서 인간 또한 '스스로 그러함'[自然]이란 속성을 본래적으로 갖고 있기 때문이다. 비관주의자들이 주로 말하는 부정적, 수동적 심리 상태 또한 같은 맥락에서 해석이 가능하다. 그것은 '스스로 그러함'이 가로막힌 상태를 말하는데, '스스로 그러함'을 가로막는 사태의 원인 중 오늘날 으뜸을 차지하는 것은, 주로 경제적 문제이거나 사회, 문화적 불합리성이다. 멀리 갈 것도 없이 우리가 처한 이런저런 현실의 모습 내지는 삶의 조건을 둘러봐도 그것은 금세 명백해진다. 그러나 경제적 문제나 사회, 문화적 불합리성은 정치와 서로 갈마들면서 증폭되거나 제한된다.

내가 사는 동네의 안양천 하중도도 사실 내버려두었어야 맞다. (이것은 옳음/그름의 문제가 아니다.) 하중도가 생긴 원인은 어쨌든 자연에 있으며, 아무리 인위적으로 치운다 해도 강우량이 다시 늘어 수량이 풍부해지지 않는 한 하중도는 다시 생겨난다. 차라리 그것을 치운다고 몇 날 며칠 부린 포클레인에서 이산화탄소만 배출한 꼴이 되고 말 것이다. 어떻게 보면 오늘날 기후위기를 초래한 직접적 원인인 이산화탄소 배출은, 이러한 인간의 인위적인 개입 때문이다. 그런데 이 인위적인 '개입'도 앞에서 말한 '스스로 그러함'으로서 의지 아닌가? 유감스럽게도 이때의 개입은 '스스로 그러함'이 아니라 그것을 배반하는 욕망에 다름 아니다. 냇물이 직선으로 흘러야 한다는 근대 기하학에 알게 모르게 지배당하는 욕망, 그렇게 함으로써 이루어질 수 있다는 경제발

전에 대한 욕망, 그것이 곧 문명이라는 환상에 대한 욕망…….

문제는 이 욕망이 정치적 입장을 막론하고 '좋은 것'이라고 받아들여진 지난 역사이며, 이 역사가 아미타브 고시의 지적대로 기후위기를 만들어낸 "축적된 인간 활동"의 다른 이름인 것이다. 그리고 그 역사는 지금 이곳저곳에서 우리에게 이 미증유의 사태를 어떻게 할 것인지 엄중하게 묻고 있다. 개인적인 예측으로는, 기후위기의 문제는 깊은 심층에서 우리의 민주주의마저 흔들 것이 분명해 보인다. 우리는 우리가 처한 어떠한 조건에서도 자유롭지 못하며, 우리의 의식이 감지하지 못 한다 하더라도 우리의 목숨 그 자체는 우리를 둘러싼 혼돈스러운 현실을 예민하게 느낀다. 다만 그것이 언어화되지 않았을 뿐이다. 아니, 언어가 존재의 집인 한 어떻게든 언어화는 되는데, 대개는 증오나 차별 또는 심하게 일그러진 언어로 목숨 그 자체가 느끼는 위기와 공포가 표현된다. 여기서부터는 내가 아직 논리적 설명이 불가능한 상태이니 다소 감성적으로 말할 수밖에 없을 것 같다. 그리고 여기에서 기후위기 시대와 싸우는 '새로운 문학'을 시작될는지도 모른다. "어느 곳에서나 문학적 창작은 이러한 종말론적인 인식으로부터 영향을 받아왔"기 때문이다.(아미타브 고시)

*

근대자본주의 산업문명은 우리에게 지금껏 환상을 심어줬으며 우리는 그 환상을 섭취하면서 병들고 말았다. 기후위기는 이렇게 깊어진 우리의 병이 다른 존재에게 전이된 끝에 우리 앞에 나타난 우리 병의 외화된 사태이다. 그동안 축적된 우리의 병을 제대로 인식하고, 고통을 통해 냉정함을 회복하는 것이 앞으로 우리가 가져야 할 유일한 윤리이다. 그리고 이 회복의 언어가 우리의 '새로운 문학'이 될 것이라고 나는 믿는다.

> 오랫동안 끔찍할 정도의 고통에 시달렸음에도 불구하고 지성이 흐려지지 않는 병자의 상태가 [명철한] 인식의 획득을 위해 가치가 없지는 않다. 깊은 고독과 모든 의무와 습관에서 갑작스럽게 허용된 자유가 수반하는 지적인 이익을 전적으로 도외시하더라도, 무서운 병고에 시달리는 사람은 자신의 상태에서 섬뜩할 정도로 냉정하게 세계를 내다본다. 그에게서는 건강한 사람의 눈이 보는, 사물을 둘러싸고 있는 저 보잘 것 없고 기만적인 매력들이 사라진다. 아니, 그 전에 [병자] 그 자신이 솜털도 색깔도 없이 그 자신 앞에 놓여 있다. 그가 이제까지 어떤 종류의 위험한 환상 속에 살아왔다면, 고통을 통해 이렇게 최고의 냉정함을 회복하는 것은 그를 그 환상에서 벗어나게 하는 수단이며 더 나아가 아마 유일한 수단일 것이다.(니체, 『아침놀』 2권 114절)

자연, 자유를 위한 조건

 코로나19로 인해 우리의 생활에 많은 변화가 일어난 게 사실이다. 무엇보다도 코로나19 이전으로 우리의 삶이 되돌아가서는 안 된다는 생각은 광범위하게 공유되고 있는 것 같다. '이전'이 가리키는 시간대는 코로나 바이러스의 창궐을 야기한 그간의 역사일 것인데 여기에서 날카로운 대립이 감지된다. 코로나19가 발생한 원인에는 대체적으로 뜻을 같이 하지만 그 '다음'에 대해서는 의견이 갈리는 것 같다. 코로나 바이러스의 원인으로 자본주의 산업문명이 야기한 생태적 문제가 가장 크게 지목받는다. 간단히 말하면 그동안 존재했던 생명체간 삶의 영역을 자본주의 산업문명이 허물면서 바이러스의 활동 역량이 종차(種差)를 넘어선 것이다. 이른바 인수공통감염병이 그것의 증거이다.

 돌이켜보면 인류의 삶은 바이러스와 만나는 사건의 연속이었지만 그게 그렇게 밝은 기억만은 아니었다. 바이러스가 인간의 목숨을 훼손시킨 경우가 있었기 때문에 그 기억은 사실에 부합되기도 한다. 하지만 과연 바이러스와의 만남이 있어서는 안 되는 악마적인 사건인지 묻는 일은 병행되지 않았다. 이 물음의 틈새로 반도덕적, 반인간적인 '세이렌의 목소리'가 들어오기 때문인 걸까. 아무래도 그 사건들이 악마의 얼굴을 하고 있어야 인간의 삶이 그나마 위로받을 수 있는 것은, 그동안 우리가 인간중심적인 사고에 깊이 절어 있었기 때문일 것이다. 하지만 순간적인 위로를 거부하는 물음이 인간의 정신과 영혼을 바꿔놓을 수 있다는 것도 우리가 간직하고 있는 역사적 경험이다.

  오늘날 우리를 긴장시키는 것은 코로나뿐만이 아니다. 기후위기의 증상들이 몇 년 사이에 명백하게 드러나면서 인류의 시계가 급박하게 돌아가고 있기 때문이다. 사람들은 기후위기와 코로나 바이러스의 창궐이 일어난 원인을 동일한 것으로 짚고 있으며 코로나로 인한 사회적 거리두기가 기후의기의 누적적 원인인 이산화탄소 방출을 감소시켰다는 소식은 그것을 뒷받침하기도 한다. 이로 인한 해결책으로 이른바 '탄소중립'이 주창되고 있는데, 보다 적극적으로 그 의미를 풀어 보면 그동안 자본주의 산업문명이 무차별적으로 파괴한 자연을 가급적 빨리 회복시키자는 것이다. 우리가 욕망의 움직임을 조금 늦추자 이산화탄소 배출이 줄어든 것과 동시에 우리를 지독하게 괴롭혔던 미세먼지가 순간 감소하기도 했다.

노자의 말대로 자연은 본래 인자하지도 않고 잔인하지도 않고 도리어 어떤 방식으로든 인류를 포함한 살아 있는 생명체를 감싸 안은 채 아무 목적 없이 운동할 뿐이다.("天地不仁 以萬物而爲芻狗",『도덕경』5장) 자연은 생명이 펼쳐지고 되감기는 '신비의 영역'에 다름 아닌 것이다. 하지만 자연은 인간의 역사에 따라 달라진다는 사실도 유념할 필요가 있다. 즉, 신비의 영역에 인위적인 조작을 가하면 그 신비는 전혀 엉뚱하게 작용할 수도 있다는 말이다.

알고 보면 인류의 의식이라는 것도 기나긴 생명 역사의 연장선에 있다. 인류의 의식 자체가 생명의 역사를 통해 형성된 것이고, 자연이 인간의 역사에 따라 다른 얼굴을 지닌다는 게 진리라면 우리는 자연에게 무언가를 명령하는 삶이 아니라 자연과 순응하면서 조화를 꾀하는 역사를 꾸려나가야 맞다. 인류가 자연을 정복하려 했던 것에 지금 벌어지고 있는 사태의 원인이 있다면, 그 역사의 물줄기를 바꾸는 것만이 자연의 회복에 기여하는 일이 되고, 자연의 회복에 따라 자연과 인류의 관계에도 변화가 올 것이다.

여기서 우리는 '정복' 개념을 역사적으로 살펴볼 필요가 있다. 정복은 인류의 전 역사에 걸쳐 확인되지만, 정복이 모든 가치 중 가장 앞에 놓인 것은 자본주의 시대에 들어서이다. 자본주의는 정복 없이는 단 하루도 지탱하지 못하는 세계이기에 자본주의와 정복 사이에는 언제나 등호(=)가 성립된다.

자본주의의 정복 역사는 대략 다음과 같은 순서로 일어났다. 먼저, 전통 사회의 공통된 부를 정복해 토착민들을 그 삶의 터전에서 내몬 다음에, 그들의 생계와 목숨을 담보로 유일하게 남은 생명력을 노동력으로 바꿔 정복하고, 그다음 문화와 역사마저 정복했다. 이런 방식은 식민지를 통해서 다시 반복되는데, 이것은 우리가 역사를 평면에 펼쳐놓고 관찰했을 때 가능한 언술일 뿐 실제로는 이 순서를 되풀이하면서 그리고 동시적으로 반복하면서 정복을 일삼아 왔다. 간단히 말해 정복의 최종 목적은 식민지이며, 이 식민지 없이는 자본주의 산업문명은 하루도 존속하지 못한다. 자연, 노동력, 정신과 문화, 토착민의 역사와 지혜 등등을 식민화시키지 않고는 자본주의는 배겨나지 못하는 것이다. 그러나 이 식민지가 한 국가의 외부에만 존재한다고 생각하면 착각이다.

기후위기와 코로나 팬데믹 이후, 우리에게 자연의 문제가 심각하게 대두된 게 사실이지만 만일 자연에 대한 정복을 급작스레 철회하게 된다면 – 이게 현실적으로 가능하지도 않거니와 – 인류는 경제적으로 빈곤한 사람들의 삶부터 붕괴되고 말 것이다. 다르게 말하자면 우리의 삶 자체가 자본주의 산업문명에 뿌리까지 붙들려 있다는 뜻이다. 하지만 오늘날 자연에 대한 인식론적인 급변이 요구된다는 것만큼은 분명한 시대적 과제이다. 그럼에도 불구하고 자연은 여전히 정복의 대상이 되고 있으며, 심지어 이산화탄소 배출을 줄인다며 진행되고 있는 재생에너지

발전까지 자연을 위협하고 있다. 이는 그동안 누려왔던 '풍요로운' 생활을 포기할 수 없다는 관성화된 욕망 때문인데, 이 욕망은 우리의 본성이라기보다 자본주의 산업문명이 조작, 강제해서 생긴 결과이다. 따라서 다시 자연을 말한다는 것은, 정신의 퇴보가 아니라 이성의 회복을 의미한다. 그럼에도 불구하고 아직도 우리 주위에는 자연을 말하면 역사적 퇴행으로 간주하는 '뼛속까지' 근대인들이 대부분이다. 갈릴레오와 데카르트 이후 자연에 대한 수리학적 인식이 지배적인 시간을 살아오면서 자연을 통해 왜곡된 감정과 인식을 본성인 것처럼 받아들인 까닭일 것이다.

칸트는 자연도 우리의 인식의 결과물이라는 철학적 입장을 제시했다고 하는데, 그리 되면 우리가 시시각각 경험으로 느끼는 것마저 허상에 지나지 않게 된다. 하지만 자연을 통한 우리의 구체적인 감각은 실제로 존재하며 그것이 우리의 기억을 구성하고 나아가 감성과 사고에 영향을 끼친다. 구체적인 감각이 순간적이라 해서 허상이라고 몰아붙이는 것은, 감각이 수학적으로 해명되지 않아서 자행되는 무지에 해당된다. 또 사유의 전 과정을 돌아보건대, 감각을 불러일으키는 사물과의 만남(사건) 없이 사유가 시작된다는 근거도 희박할뿐더러 설령 사유가 연역적인 방식으로 분석된다 하더라도 그것에 대한 실증은 구체적인 감각을 통해서만 가능한 것이다. 이렇듯 어떤 식으로든 구체적인 감각은 살아 있는 생명의 주요한 작용이며 요소인데, 그 감각이라는 것은 자연에 존재하는 사물을 만나는 사건에 다름 아니다. 이것은 단순히 자연 예찬이 아니라 삶의 조건을 말하는 것이다. 한나 아렌트는 인간의 조건은 지구라고 말했지만, 이 말은 어디엔가 서구적인 관념이 엿보이는 선언이다. 한 사람의 조건은 그가 구체적으로 속해 있는 강, 산, 들판, 언덕, 길, 그리고 논과 밭이기 때문이다. 그가 사는 지역의 기후이기 때문이다.

코로나와 기후위기가 자연에 대한 자본주의 산업문명의 무차별적인 파괴와 수탈 때문에 벌어졌다는 사실이 드러나고 있는 와중에 우리가 다시 자연을 우리의 삶의 영역에 불러들이는 것은 가장 본질적이며 급진적인 대응에 해당된다. 하지만 아직도 자연은 도시인들의 휴게소 기능에 머물러 있는 것처럼 보인다. 이것은 자연에 대한 인식이 실용 차원에 머물러 있기 때문이다. 또 자연을 여전히 대상화하는 현상과도 밀접한 관련이 있는 것처럼 보인다. 자연을 '스스로 그러함', 서구 철학의 언어를 빌리자면 자기원인을 가진 존재로 받아들이는 철학이 부재하는 한 자연은 앞으로도 도시인들의 휴게소에 머물 것이다.

알려져 있다시피, 스피노자는 실체와 신, 신과 자연을 동일시했다. 그에게 유일한 실체, 즉 존재는 신 하나인데 그 신은 자연을 통해 그 모습을 드러낸다. 여기까지가 이른바 '범신론'이다. 만일 신이 자연을 통해 자신을 드러낸다면 자연 속에 실존하는 각 사물들은 신의 어떤 면을 표현하고 있는 것이다. 인간이 자신을 자연 외적 존재로 인식한다면 인간은 신과의 연결이 끊어지고 만다. 신과의 이어짐을 단절하고 신의 자리에 자본과 국가 또는 문화적 환경에 따라 온갖 근대 정치적인 제도들과 관념들을 올려놓은 것이 지금껏 자연을 파괴한 역사의 관념이었으며, 파괴된 자연 위에 구축된 상부구조였다. 이것은 유신론이냐 무신론이냐 하는 유치한 양자택일의 문제가 아니다.

인간이 신과의 관계를 끊어버리고 자연을 정복하기 시작하면서 비극은 시작되었다. 아니, 비극이라는 것은 차라리 우리의 정서가 살아 있다는 증표라도 된다. 자연을 정복/수탈하면서 인간은 삶의 모든 드라마를 삭제한 사막을 확장시켰다고 보는 게 맞을 것이다. 사막은 말 그대로 모래 무덤인데, 대도시의 모든 건물들이 모래로 만들어졌으니 여기서 '사막'은 단순한 비유가 아니다. 사실 우리가 사는 대도시는 자연의 파괴 위에서 만들어진 것이며, 다시 대도시를 거점으로 해서 자연의 파괴가 지속된다. 우리가 사는 대도시야말로 자연 파괴의 생생한 증거이자 얼굴인 것이다. 대도시의 또 다른 특징은 어둠을 꺼버렸다는 데에 있다. '칠흑 같은 어둠'은 자연의 반쪽이고 신이 실질적으로 거주하는 영역이다.

하이데거는 존재를 '밝음'(탈은폐)이라는 언어로 표현하기 좋아했지만, 동시에 어둠(은폐)으로 말하기도 했다. 그러니까 존재는 어둠을 잃어버리면 반이 사라지는 것이고, 존재 차원에서 '반'은 수학적인 1/2이 아니라 전체에 해당된다. 즉 존재의 반이 사라졌다는 것은 존재 자체가 '허무'가 되었다는 뜻도 된다. 대도시는 완벽하게 어둠을 추방했다. 존재를 추방하고 상품과 욕망을 밝혀놓았다. 어둠을 꺼버리고 상품을 만들었고, 상품을 만들어서 어둠을 꺼버렸다. 어둠이 없으니 사랑도 없고 사랑이 없으니 꿈도 불가능해졌다.

김수영의 「사랑의 변주곡」은 이러한 현실 속에서 다시 읽어볼 만한 작품이다. 그는 '욕망의 입 속'에서 사랑을 발견하겠다고(의미상으로는 '발견했다'이지만) 한다. 이것은 어떤 '전환'에 해당된다고 나는 읽는다. 욕망의 입에서 사랑을 탄생시키는 이 전환이 작품의 뼈대를 이루고 있는데 여기서 사람들이 놓치는 구절이 있다. "강 건너에 사랑하는/ 암흑이 있고"가 그것이다. 이 구절의 앞뒤에 나오는 사물들이 모두 자연 속의 존재인 것("강이 흐르고"와 "삼월을 바라보는 마른나무들")을 감안했을 때, 김수영이 말하는 "암흑"을 그냥 '어둠'이라고 읽어도 무방하다. 그 어둠을 시인은 사랑한다고 한다. 어둠을 사랑하는 것은 사실 시의 일이기도 하다. 좋은 시에는 밝음이 빛나고 있을 때도 어둠의 골짜기가 존재한다. 왜냐면 우리의 존재 또는 삶의 반은 어둠에 잠겨 있기 때문이다. 이것은 어둠에 자기 실존의 반을 담그고 있는 사람이 시인이라는 말도 된다.

김수영이 "암흑"을 사랑하게 된 것은, 작품에 즉해 말하자면, 강이 도시의 소음을 지우고 어둠을 만들어냈기 때문이다. 그는 이 어둠을 "사랑의 위대한 도시"라고 명명하면서 "봄베이도 뉴욕도 서울"과도 다른 도시라고 말한다. 여기에서 욕망으로 점철된 근대 문명과 다른 존재가 태어난다고 하면 지나친 해석일까? 물론 시에서는 그 다른 존재를 시간으로 표현하고 있다. 그 시간은 "복사씨와 살구씨가/ 한번은 이렇게/ 사랑에 미쳐 날뛸 날"이다. 하지만 그 시간은 막연한 미래가 아니라 이미 우리 안에서 으르렁대는 시간이다. 즉 「사랑의 변주곡」은 욕망이 사랑으로 전환된 시간에 대한 작품이며 그 매개는 바로 시인이 겪은 혁명이라는 역사적 사건이다.

  이렇듯 우리가 자연을 말할 때, 인식론적 단절과 혁명을 함께 수행해야 하는 것은 자연을 대상화하는 자본주의 산업문명에서 벗어나야 하기 때문이다. 자연은 단순하게 '도시 바깥'이 아니다. 자연은 공간 차원의 안팎의 문제가 아니라 깊이와 높이의 문제이다. 자연을 말할 때 눈에 보이는 세계만을 말해서는 안 되는 이유는, 지금껏 자본주의 산업문명이 자연을 대할 때, 자연을 가시적인 세계로 환원시켜 말해오면서 우리의 언어도 깊이와 높이를 빼앗겼기 때문이다. 자연은 자기원인인 동시에 모든 존재자의 원인이기도 하고, 현존이 발생하는 지평이기도 하다. 그것은 수직적으로 솟아나면서 동시에 무한한 수평적인 관계가 펼쳐지는 '거시기'이다. 그 안에서 인간의 역사가 일어나며, 그 역사의 연속을 우리는 세계라고 부른다. 물론 자연은 인간의 역사에 따라 그 의미가 조금씩 달라진다. 이렇게 자연과 역사는 서로 맞물린 채 운동하기에 허무주의가 끼어들 여지가 없다.

  코로나 바이러스는 자연이 우리에게 말 건네는 '검은 언어'이다. 그 언어는 우리에게 침묵을 가르치고 있는 중이다. 우리는 지금 대량 생산 체제에 살고 있다. 즉 상품의 대량 생산, 밝음의 대량 생산, 언어의 대량 생산, 욕망의 대량 생산, 지식의 대량 생산……. 그리고 우리에게 남은 것은 무엇일까. 모든 것을 대량으로 소유하고 있으면서 아무것도 가진 게 없고, 심지어 가난마저 대량 생산으로 인해 비참이 되고 말았다. 코로나는 이제 그것을 그만두라고 한다. 자연이 말하는 침묵은 너무도 큰 언어여서 우리가 알아듣지 못하고 살아왔는지 모른다. 그 큰 언어를 알아듣지 못하고 살아온 미증유의 결과가 기후위기 사태가 아니겠는가.

그래서 나는 코로나 바이러스 또한 자연이라고 말하며, 실제로 바이러스와 인류 사이에는 무수한 공존과 갈등이 동시에 있어 왔음을 겸허히 받아들여야 한다고 보는 입장이다. 그리고 이게 생명의 법칙이기도 하다. 물론 바이러스와의 갈등 관계는 인류의 목숨을 훼손해왔다. 이것에 대한 대처는 별개의 문제이고, 동시에 우리는 그 아래의 층위까지 느끼고 생각할 수 있어야 한다. 바이러스에 대해 모두가 의학적 만남에 만족하거나, 또는 (바이러스에게는 적용되지 않으며 심지어 인류에게도 역사적이며 문화적 성격을 갖는) 도덕관념으로 바이러스라는 존재를 재단하는 일은, 결국 자연에 대한 실용주의적 발상의 다른 면일 뿐이다. 그리고 그것을 버리지 못하는 한 바이러스는 언제나 악마의 얼굴을 가지고 우리 앞에 나타날 것이다.

악하지도 선하지도 않은 자연과 각자의 생명체나 그 집단이 '좋은 관계'를 맺기 위해 분투하는 것이 삶이다. 그러지 않고 자연을 이용하거나 거부한 결과가 지금 우리가 처한 상황인데, 좋은 관계를 가지려면 먼저 자연에 대한 경외와 긍정이 전제되어야 한다. 하지만 경외와 긍정이 '의식적으로' 계발될 수 있는지는 미지수이다. 자연에 대한 인식의 극적인 전환은 래디컬한 정치 문제이기 때문이다. 앞에서 말했듯, 자연을 정복하고 파괴, 수탈하는 것이 우리가 사는 자본주의 산업문명의 본질이라면, 이것을 끊기 위한 정치적 싸움과 인식론적 혁명은 동시에 필요한 일이다. 문제는 지금까지의 정치의식과 감성으로는 이것이 불가능에 가깝다는 점이다.

지금까지의 서구의 변혁론 또한 자본주의 산업문명의 부산물일 가능성이 크다. 앞에서 말했듯 자연을 보임[有]의 세계로만 국한시키는 것으로는 존재와 문명의 전환은 이루어지지 않는다. 보임[有]의 세계를 창조하는 보이지 않는 세계[無]에 대한 느낌을 회복하는 것이야말로 전환의 근본 바탕이 아닐까. 그 보이지 않는 세계를 무엇이라 지칭하든, 그 세계를 우리의 영혼에 들이 붓는 일을 그러니까 누가 할 수 있는 것일까.

이 물음(공안) 앞에서 우리는 자유로울 수 없다. 실용적으로 선택 가능한 자유는 자연의 자유도 삶의 자유도 아닌 상품의 자유일 뿐이다. 그리고 이 상품의 자유가 정치적 자유로 얼굴을 바꿔 낀 채 행세하고 있는지도 모른다. 자연/삶의 자유는 어떤 고통을 떠나지 않는/ 떠날 수 없는 것이다. 자신이 처한 한계와 조건을 긍정하는 일에서 자유는 피어나기 때문이다. 다시 물어보자. 저 보이지 않는 세계를 길어 우리의 영혼에 들이붓는 일은 무엇이 할 수 있는가?

경제 민주화와 자연의 권리

코로나 팬데믹 상황이 우리 경제의 방향을 매우 우려스러운 쪽으로 흐르게 하는 것 같다. 눈에 보이는 당장의 현상은 자영업자/소상공인이 겪는 어려움으로 나타나고 있지만, 비대면의 일상화를 위해 디지털 기술을 활용한 기술 기반 사회로 극심하게 쏠리는 현상이 더욱 우려스럽다. 물론 대한민국의 디지털화는 코로나 이전부터 진행돼왔던 게 사실이고 이른바 플랫폼 사업의 확산은 마을과 골목의 상권을 현저하게 위협해왔다. 알고 보면 디지털 산업이 말하는 '혁신'이라는 것은, 기존 상권과 경제 주체들의 영역을 디지털 기술을 통해 빼앗는 것일 뿐 별다른 것도 아니다. 예를 들면, 카카오가 택시 사업에 진출하면서 기존 택시 업계가 크게 요동쳤는데, '콜' 서비스를 카카오가 대신하면서 기존의 노동 인력을 강제로 삭제해버린 것이다.

요식업은 비대면을 핑계로 배달 서비스 플랫폼 사업자에게

종속되는 중이고, 배달 서비스에 종사하는 배달 노동자들의 목숨을 건 서비스 경쟁은 우리가 길거리에서 흔히 목격할 수 있는 현상들, 과속과 신호 무시 등을 야기했다. 무엇보다 일반 시민들이 이에 빠르게 적응해 가면서 음식을 만드는 일과 배달 노동은 이용의 '편의성'에 의해 은폐되고 있다. 급속도로 진행되고 있는 이런 경제 구조의 변화는 그러나 우리 사회를 한 단계 진화시킨 것 같지는 않다. 내가 말하는 사회의 진화는 무슨 경제지표 같은 것의 상승을 가리키는 게 아니다. 도리어 경제지표는 좋아지고 있지만 자영업자/소상공인의 몰락과 배달 노동 같은 노동 소득이 낮은 부스러기 노동의 증가로 양극화가 심해지고 있는 것이다.

현행 헌법 제9장 '경제' 제119조 2항에는 "국가는 균형있는 국민경제의 성장 및 안정과 적정한 소득의 분배를 유지하고, 시장의 지배와 경제력의 남용을 방지하며, 경제주체간의 조화를 통한 경제의 민주화를 위하여 경제에 관한 규제와 조정을 할 수 있다"고 규정하고 있다. 한편으로 같은 조 1항에서는 이렇게 규정하고도 있다. "대한민국의 경제질서는 개인과 기업의 경제상의 자유와 창의를 존중함을 기본으로 한다." '기업의 자유'와 "시장의 지배와 경제력의 남용을 방지"한다가 뒤섞여 있지만, "경제의 민주화를 위하여 경제에 관한 규제와 조정을 할 수 있다"고 명백히 밝힌 것은 의외로 현행 헌법의 진취성을 보여준다. 시장자유주의자들은 경제를 규제한다는 발상을 사회주의로 몰아가고 싶겠지만 현행 헌법은 경제와 사회의 관계를 어떻게 설정해야 하는가 하는, 본질적인 질문을 우리에게 던진다.

사실 경제가 사회로부터 분리되어 독자적인 발전 경로를 따라간다는 것은 시장자유주의자들의 욕망에 따른 환상일 뿐이다. 지금껏 시장경제가 자율적인 힘으로 발전해왔다는 것도 허구에 지나지 않는다. 도리어 시장경제는 국가의 강력한 힘에 기대 성장해왔으며 이는 절대왕권 시절부터 나타난 현상이기도 하다. 자본주의 생산양식이 들어서면서부터는 그것이 더욱더 노골적으로 진행되어 왔고, 시장의 팽창을 국가의 임무로 받아들여 벌어진 일이 식민지 쟁탈전이었다. 이것이 결국 양차 세계대전으로 확대된 것은 역사적 정설에 가깝다. 따라서 현행 헌법에서 "시장의 지배와 경제력의 남용을 방지하며, 경제주체간의 조화를 통한 경제의 민주화를 위하여 경제에 관한 규제와 조정을 할 수 있다"고 규정한 것은 시장의 무한 팽창으로 인한 국가의 위기를 막기 위해서도 필수적인 것이다.

하지만 현실이 헌법의 규정에 따라 펼쳐지는 것은 아니다. 오늘날에도 기업은 끊임없이 규제를 없애라고 국가를 압박하고 있고 그 결과 시장경제의 발전이 국가의 발전이라는 거짓 이데올로기가 만연하게 되었다. 기업의 규제 완화는 노동의 질을 나쁘게 하면서 노동 소득을 줄이는 쪽으로 치닫게 만들었다. 물론 예전 같은 절대 빈곤은 벗어났다고 하지만 이는 시장경제의 지속적인 성장으로 인한 것이라기보다는 복지 제도 등 국가의 개입과 규제 때문에 가능했다. 그렇다고 국가 스스로가 알아서 그렇게 했다는 뜻이 아니다. 사회의 구성원들이 줄기차게 '경제 민주화'를 요구해왔기에 그나마 절대 빈곤 시대는 벗어났다고 볼 수 있다. 하지만 아직도 절대 빈곤은 존재하며, 복지제도가 절대 빈곤층을 무기력하고 '볼품없게' 만든 사실에도 눈을 감아서는 안 된다.

한편으로 제2장 '국민의 권리와 의무' 제10조에서는 "모든 국민은 인간으로서의 존엄과 가치를 가지며, 행복을 추구할 권리를 가진다. 국가는 개인이 가지는 불가침의 기본적 인권을 확인하고 이를 보장할 의무를 진다"고 명시하고 있는데, "존엄과 가치" 그리고 "행복을 추구할 권리"는 "경제의 민주화" 없이는 불가능한 것이다. 어떻게 보면 헌법의 문구들은 현실의 진행을 따라가지 못하고 있거나 아니면 헌법 자체가 갈등과 상충을 조장하고 있는 것처럼도 보인다. 물론 이런 해석은 헌법학자 또는 법률 전문가의 것과는 다를 수 있다. 그러나 실제 시민의 삶이 그렇다면 헌법에 대한 법리적 해석은 부착적인 문제에 지나지 않는다. 법률이 생활의 모든 디테일을 규정하는 것도 끔찍한 일이기는 하나 현실과 헌법의 어긋남이 사실이라면 헌법의 존재 의미를 시민들은 묻지 않을 수 없다.

제헌헌법 제정 때 제18조 2항은 여러 논란 끝에 채택되었다고 한다. 그 조항은 다음과 같다. "영리를 목적으로 하는 사기업체에 있어서는 근로자는 법률이 정하는 바에 의해서 이익의 분배에 균점할 권리가 있다." 이른바 '이익균점권'인데, 사실 이 헌법 조항은 곧 닥친 전쟁에 의해 사문화되었다. 사실 제헌헌법의 이 조항은 현행 헌법 제119조 2항보다 훨씬 더 구체적이다. 물론 헌법에서 포괄적으로 규정을 해도 하위 법에서 이런저런 예외 조항을 두거나 헌법을 교묘하게 무력화시키는 일이 비일비재한 상황에서 모든 것을 헌법에만 맡길 수는 없을 것이다. 그래도 헌법이 근대 국민국가의 법체계의 뼈대에 해당된다면 헌법 조항에 무엇을 담느냐는 큰 의미를 가진다.

디지털 기술의 발달로 플랫폼 노동이 일반화되어 가는 상황에서 코로나 팬데믹을 맞았고, 코로나 팬데믹은 '비대면'을 강제하며 플랫폼 노동을 더욱 가속화시키고 있는 게 현실이다. 디지털 기술이 탄소 배출과는 상반된 것처럼 혼란을 일으키는 것 자체도 문제다. 일단 디지털 기술은 엄청난 전기 에너지를 사용해야만 운용될 수 있으며, 그럼으로써 데이터센터 등에서 발생하는 이산화탄소량도 상당한 것으로 밝혀졌다. 앞으로 이런 추세는 더욱 가속될 것으로 전망된다. 이산화탄소의 배출로 인한 기후위기와 기후위기로 인한 각종 바이러스의 창궐, 바이러스의 창궐로 인한 생활 경제의 타격 등이 서로 맞물린 이런 상황은 앞으로의 시간을 크게 위협할 것으로 보인다.

그런데 현행 헌법에서 이에 대한 규정은 제35조에 짧게 언급되어 있을 뿐이다. 1항의 "국가와 국민은 환경보전을 위하여 노력하여야 한다"와 2항의 "환경권의 내용과 행사에 관하여는 법률로 정한다"가 그것이다. 2항에서 언급된 "법률로 정한다"는 아마 환경 파괴를 가능하게 하는 하위법을 낳았을지도 모르겠다. 제119조 1항의 "개인과 기업의 경제상의 자유와 창의를 존중함을 기본으로 한다"와 맞물려 기업의 이익을 뒷받침하는 이런저런 하위법을 탄생시켰을 것이다. 이 외에 현행 헌법은 국회, 정부, 법원, 헌법재판소, 선거관리, 지방자치 등에 대한 내용이 대부분이다. 결국 근대 국가 체제와 대의제를 위한 조항들로 가득 차 있다는 뜻이다.

외국의 사례로, 2008년에 개정된 에콰도르 신헌법은 제7장에서 자연의 권리를 규정하고 있다. 제71조부터 제74조에 걸쳐 자연의 권리를 상세하게 언급하고 있는데 그 중 제73조만 소개하면 다음과 같다.

> 국가는 종의 절멸, 생태계의 파괴, 자연 주기의 영구적 변화를 초래할 수 있는 활동에 대하여 금지 및 제한 조치를 취하도록 한다. 국가의 유전적 자산을 결정적으로 변화시킬 가능성이 있는 유기체 및 유기·무기 물질의 도입은 금지된다.

이에 견줄 수 있는 대한민국 현행 헌법 조항은 아마 제120조일 것이다. 그런데 제120조에서 말하고 있는 '자연'은 다시 경제 개발의 대상이 된다. 1항이다. "광물 기타 중요한 지하자원·수산자원·수력과 경제상 이용할 수 있는 자연력은 법률이 정하는 바에 의하여 일정한 기간 그 채취·개발 또는 이용을 특허할 수 있다." 이는 기후위기 시대와 코로나 팬데믹이 묻고 있는 물음과 정확히 상치된다.

사실 서민의 경제 문제를 단순하게 경제학적인 관점으로만 접근하면 결국 경제성장으로 귀결되기 마련인 게 현실이다. 이른바 진보 세력은 보다 더 강력한 분배 제도를 도입해 경제적 불평등을 해소하자고 하지만, 분배라는 것은 결국 '더 많은 파이'(경제성장)를 전제로 한다고 볼 수 있다. 다시 말해 경제적 불평등을 받아들인 바탕에서 그 불평등을 완화하자는 것이 분배 제도의 본질인 것이다. 하지만 앞에서 말했듯이 감염병과 기후위기, 그리고 경제성장이 맞물려 있다면 우리는 이 거대한 수레바퀴 안에서만 맴돌아야 하는 고통스런 상황에서 벗어나지 못한다. 자연의 권리와 생태계의 보존 및 회복을 위해 노력하지 않는다면 설령 훌륭한 분배 제도를 가지고 있다고 하더라도 분배의 위기에 항시적으로 노출될 수밖에 없는 것이다.

경제의 목적이 국가 및 공동체 내의 재화와 물산을 구체적 생활에 '합리적'으로 활용하는 것이라면, 재화와 물산의 기초 토대인 생태계의 보존과 회복은 필수적이라고 할 수 있다. 이를 망각한 막무가내 경제성장주의는 결국 합리적인 경제를 위험에 빠지게 할 것이다.

문제는 우리의 정치이다. 내년의 대선을 맞아서 지금 정치인들이 뱉어내는 언어는 사생결단과 무궁한 개발주의를 지향하고 있는 것처럼 보인다. 헌법 개정에 대한 이야기가 가끔 나와도 그것은 권력 구조에 집중돼 있다. 이것마저도 당파별 이해관계에 따라 숱하게 공전해왔던 게 지금까지의 역사이다. 결국 정치인들의 권력 욕망이 우리의 시야를 가리고 있는 꼴이다. 사실 코로나 팬데믹은 근대 민주주의라는 것이 얼마나 허망한 기초 위에 서 있는가를 역설적으로 보여주고 있다. 최근에는 근대 민주주의가 정말 민주주의인가,라는 물음도 제기되고 있다.

민이 주인이 되는, 즉 민이 국가와 사회를 통치하는 민주주의는 역사상 있어본 적도 없다. 언제나 통치는 위임됐고, 이 위임 제도를 우리는 민주주의라고 부르고 있는 것이다. 하지만 자연의 권리를 통해 민이 지금보다 더 많은 통치권을 가지게 될지도 모른다. 왜냐면 자연은 국가나 시장, 경제 같은 추상적인 개념과 어울린다기보다는 구체적인 삶과 관계 맺기 때문이다. 따라서 보다 좋은 민주주의와 자연의 권리는 같은 동전의 다른 면이며, 보다 좋은 민주주의가 "경제 주체간의 조화를 통한 경제의 민주화"를 가져온다고 볼 수 있다. 그리고 이것은 "잘못된 시간의/그릇된 명상이 아닐 거다".*

---

* 김수영, 「사랑의 변주곡」

덧붙이는 글

　대한민국 헌법 전문은 이렇게 시작된다. "유구한 역사와 전통에 빛나는 우리 대한민국은 3·1운동으로 건립된 대한민국임시정부의 법통과". 문맥상으로는 임시정부를 강조하기 위해서 그 역사적 배경으로 3·1운동을 불러들인 것처럼 보인다. 그러니까 어쨌든 대한민국의 역사적 뿌리는 3·1운동인 셈이다. 하지만 3·1운동이 가능하게 했던 근거는 바로 동학운동이었음을 주목할 필요가 있다. 물론 동학농민혁명이 곧바로 공화정을 주장한 것은 아니다. 그러나 동학농민혁명 당시 농민군의 기율은 근대적 개념과는 다른 품위와 수준을 보여줬고, 3·1운동 당시 민족대표 33인 중 농민군 출신이 9명이나 포함되어 있었다. 역사적으로 동학농민운동이 없었다면 3·1운동도 불가능했다는 사실도 이제는 정설에 가깝다.

　일본군이 30만 명을 학살한 것은 농민군들이 가진 열망과 신념, 그러니까 동학의 정신이 두려웠기 때문이며 조선에 대한 식민지 통치를 위한 일종의 기초 작업이었던 것이다. 서구의 근대와는 다른 새로운 지평을 열어준 동학은 사상사적으로나 운동사적으로 우리의 뿌리라고 부를 수 있다. 또 동학도 내의 공동체 문화이기도 한, 있는 사람이든 없는 사람이든 서로 도우라는 유무상자(有無相資) 정신은 경제 민주화의 핵심에 해당되는 언어이기도 하다. 19세기에 대한 근대인의 그릇된 편견으로 동학을 대한민국의 역사에서 삭제하는 일은, 그만큼 우리 자신을 빈곤하게 만든다. 헌법 전문에 동학운동이 포함되어야 하는 것은 앞으로의 시대적 소명이 될 것이다.

코로나가 묻고 있다

"우리에게 희망이 있는가?"로 시작되는 김종철 선생의 『녹색평론』 '창간사'는 1991년에 발표되었다. 선생의 의도와 얼마나 겹치는지는 알 수 없으나 거의 같은 시간에 현실 사회주의 국가인 소비에트연방이 붕괴의 길로 들어서고 있었다. 사실 현실 사회주의도 근대 산업 문명체제의 바깥에 있었던 것은 아니었다. 경제를 자본가가 아니라 국가가 기획, 운영했다는 다른 점이 있지만 자본주의의 수탈, 착취 체제와 근본적인 지점에서 크게 다르지 않았다는 점은 이제 상식에 가깝다. 1986년에 있었던 체르노빌 원전 폭발 사고만 해도 현실 사회주의가 근대 문명의 다른 가지에 지나지 않았음을 웅변하고 있지 않은가. 체르노빌 원전 사고가 소비에트연방의 해체를 재촉했다는 말도 있는 것을 보면 결국 근대 문명이 쌓아올린 바벨탑이 무너질 때 그 하중을 못 견디는 나라나 문화는 함께 붕괴한다고 말할 수 있다.

서구 자본주의 국가들의 식민지 수탈과 침략이 극에 달하던 19세기 후반, 조선 민중에게 들불처럼 번진 사상이 있었다. 근대주의자들에게는 19세기가 근대에 미치지 못하는 '전근대'의 시기이며, 무지몽매하고 문명화되기 이전의 어둠으로 인식되겠지만 그것은 역사를 보는 눈이 오로지 자신의 시대에 붙박여 있어서 나타나는 불구적인 현상에 지나지 않는다. 따라서 근대주의자들에게는 19세기기 후반 조선 민중을 사로잡은 사상이 단지 역사 속의 유물처럼 느껴질지도 모르겠다. 설령 그렇다 치더라도, 왜 그 당시 조선 민중들이 그 사상에 빠져들었고 심지어 무장봉기까지 일으키게 되었는지 묻는 일은 지금도 유효하다 할 것이다.

동학은 종교가 아니었고, '정도령' 같은 메시아를 기다리던 민간 신앙도 아니었다. 훗날 손병희에 의해 '천도교'라는 이름이 붙었지만, 최제우는 애초부터 우리가 가야 할 '새로운 길'에 대한 고민이 깊었을 뿐이고 그 고민의 절실이 신비 체험에 이르게 한 것이다. 일단 동학을 창도한 수운 최제우는 뿌리 깊은 유자(儒子)였다. 아버지 근암공 최옥은 경주 일대의 명망 있는 사대부였다. 최옥은 늦게 낳은 아들의 교육에 매우 열성이었던 것으로 알려져 있다. 이런 가정환경 속에서 자란 최제우에게 유학의 전통이 없었을 리 없다. 예수의 복음이 갈릴리 민중의 현실을 통해 야훼의 배를 가르고 나왔듯이, 최제우의 동학도 19세기 조선의 현실을 통해 유학의 틀을 부수고 나왔던 것이다. 이런 존재의 변신 자체도 감동적인 일이지만, 사상이라는 것이 단순히 서재에서 탄생하는 것이 아니라 '온몸'으로 시대를 뚫고 지나와야 가능한 것이라는 사실도 우리에게 공부거리가 된다. 그런데 최제우의 자기 혁명이 가능했던 것은 무엇 때문이었을까?

학자들은 최제우의 자기 혁명이 일어난 계기를 최제우가 생계를 위해 떠난 장사치 생활(周遊八路)에서 찾는다. 그 시기는 1844년부터 1854년까지 10년의 시간인데, 그 시기의 경험이 동학이 배태되는 결정적 계기였음은 최제우 자신이 쓴 『동경대전』과 『용담유사』에 일부 드러나 있다. 일례로 '화결시'라 이름 붙여진 시를 보면, 자신이 방방곡곡 안 다닌 곳이 없고 그러면서 만난 물과 산 낱낱을 알고 있다고 말하면서 장사치 생활 속에서도 자신의 삶 마디마다 절개를 다져 넣었다고 고백하고 있다. 최제우는 다소 유자적인 '절개'라는 말을 쓰고 있지만, 그 시기 동안 최제우의 유자 의식에 균열이 왔던 것이다.

요즘 말로 하면 일종의 '민중-되기'가 자신이 처한 실존 상황으로 인해 일어났던 것이다. 그런데 이 '민중-되기'가 '하느님이 내 몸 안에 모셔져 있다(侍天主)'는 동학사상의 핵심을 낳은 씨앗이 아니었을까. 그리고 그의 '민중-되기'는 장사치라는 구체적 삶에 맞닥뜨린 결과물이지 의식적인 노력은 아니었다. 그런데 동학을 다시 생각하는 오늘날, '시천주'라는 언어가 오늘날의 문화 환경에서 살아남을 수 있을지는 미지수이다. 이것은 먼저 '신'에 대한 관념부터 새로이 정초하는 일이기 때문인데 신이 죽은 시대에 신을 말한다는 것은 부질없어 보이는 것도 어쩔 수 없는 사실이다.

　동학에서 말하는 하느님은 스피노자가 『에티카』에서 기하학적으로 논증하는 신과 닮은 면이 있는데, 이는 최제우와 스피노자의 시대에는 '하느님(신)'에 대한 관념과 정서가 살아 있었기에 가능한 일이었다. 하지만 신이 죽은 자본의 시대에 '하느님(신)'을 먼저 말한다는 것은 매우 무모한 일이 될 수도 있다. 그럼에도 불구하고, 우리는 '언어 혁명' 차원에서라도 이 '하느님(신)'을 건너뛸 수 없는 노릇이다. 왜냐면 생명의 씨앗으로서 신적인 운동, 작용, 움직임을 현실적 곤란을 이유로 말하지 않는다는 것은 또 다른 기능주의를 양산하기 때문이다.

　최제우의 '하느님(신)'에 대해 표영삼은 이렇게 해석한 적이 있다, "수운 선생의 신 관념은 저 높은 곳에 계시는 분이 아니라 모든 사람의 몸 안에 모셔져 있는 분이며, 완성자로서 초월해 있는 존재자로서의 신이 아니라 시간적인 생성 변화의 과정에 있는 분이라고 하였다." '시천주'에서 시작해 해월 최시형의 '사인여천(使人如天)'이라는 다시 한 번의 정신개벽이 일어난 것은 잘 알려진 사실이다. 사인여천은 1865년 '수운 선생 탄신기념 제례일'에 해월 최시형이 동학도들에게 "집결력과 꿈"을 심어주기 위한 강론에서 발표된 것이다. 해월 최시형은 1891년 전라도 지역에서 일어난 신분 문제에 대해 직접 내려가 이런 말을 하기도 했다. "적자와 서자의 구별은 집안을 망치게 하고, 양반과 상놈의 구별은 나라를 망치게 한다." 이런 평등 관념은 사람 몸이 곧 하느님이라는 개벽 사상에 의한 것이었다.

'인간의' 권리에 집중하는 서구의 인권 개념은 사실 근대와 함께 시작되었다. 이미 스피노자에게 존재자 모두가 신의 양태라는 급진적인 입장이 있었지만, 스피노자의 사상은 기독교와 변증법에게 축출되어 철학사의 한 귀퉁이에 머물러 있어야 했다. 하지만 스피노자가 단독자적인 철학자였다면, 최제우와 최시형은 민중과 함께 숨 쉰 사상가였다. 즉각적인 민중 봉기를 꾀하지 않았다는 차원에서 최제우와 최시형을 보수적이라고 폄훼하는 것은 부당할뿐더러 역사적 사실을 왜곡하는 일이기도 하다. 일단 최제우가 평민인 최시형에게 훗날을 맡긴 선택 자체를 찬찬히 생각해볼 필요가 있다. 사(士)의 민(民) 되기(조경달)를 통과하지 못한 계몽주의의 참담한 몰골이 드러난 우리의 현실에 비춰 볼 때, 차라리 최제우에서 최시형으로 이어지는 순간이 혹 '혁명적 사건'은 아닐까?

하지만 이 '되기'에는 한 개별자의 윤리적 선택 문제 정도로 축소될 위험이 언제나 도사리고 있다. 학자들은 동학에 입도하는 사람이 급증하는 계기를 역병(콜레라)의 창궐과 임오년(1882년)의 군란으로 꼽고 있다. 19세기에 조선에서는 역병이 수시로 창궐했다. 이때 최제우는 "몸을 화평케 하고 몸의 기를 편안하게 하라"며 위무와 함께 '깨어 있음'을 강조했는가 하면, 최시형은 간단한 생활 수칙을 통해 동학도들에게 자신의 건강을 생활 속에서 돌보라고 이르기도 했다. 그래서 사람들에게는 동학에 입도하면 역병이 피해 간다는 소문이 돌았던 것이다. 이를 단지 비합리적인 풍문으로 치부할 게 아니라 동학도 내의 관계가 얼마나 건강했는지 입증해주는 반증으로 삼을 만하다. 또 최제우는 포덕 초기부터 경제적으로 여유 있는 사람들과 없는 사람들이 서로 돕기를 권장했다. 이를 '유무상자(有無相資)'라고 부른다. 이는 당연히 가난한 민중들을 깊이 감화시켰을 것이다. 이에 대해 박맹수는 다음과 같이 설명했다.

> 동학사상의 혁명성의 또 한 측면은 바로 '유무상자(有無相資)'를 통한 경제 공동체 건설, 즉 경제 혁명을 지향하였다는 점이다. 앞에서 이미 설명했듯이, 동학 창도 배경에는 삼정문란과 외세의 경제적 침탈에서 비롯된 조선민중들의 곤궁한 삶을 경제적 차원에서 구제하려는 강력한 동기가 자리하고 있었다. 동학이 창도 초기부터 입도하는 도인(道人)들에게 있는 자(=富者)와 없는 자(=貧者) 사이의 상호부조(相互扶助)를 강력하게 권장하였다는 사실 역시 1862년 경상도 상주에서 발송된 동학 배척 통문에서 구체적으로 확인할 수 있다. 동학은 '유무상자', 즉 있는 자와 없는 자가 서로 돕기 때문에 가난한 술장사와 백정들이 다투어 동학에 뛰어든다는 지적이 바로 그것이다.(박맹수,「1894년 동학농민혁명은 왜 '혁명'인가」,『생명의 눈으로 보는 동학』, 232쪽)

이런 유무상자 정신은 민중의 생활을 나라의 정책에만 의존하지 않고 스스로 꾸려나가게 하는 동시에 내부 결속력과 연대의 정서를 크게 확대했을 것이다. 그렇다고 해서 나라의 일에 등한시했던 것은 당연히 아니다. '보국안민(輔保國安民)'에서 '輔'는 그 뜻이 '덧방나무'인데, 무거운 짐을 실을 때 수레바퀴에 끼워 바퀴살의 힘을 돕게 하는 나무를 '덧방나무'라고 한다. 따라서 '보국안민'은 휘청대는 나라를 도와서 민중을 평안케 한다는 뜻이다. 이것은 민중을 평안케 하기 위해 '보국'을 하는 것이지 나라 자체를 위함이 아님은 물론이다. 이는 갑오년 농민군이 백산에서 기포할 때 올린 깃발이 '제폭구민(除暴救民)'인 데서도 드러난다. 즉 나라의 폭력을 제거하고 민중을 구제한다는 말은, 민중이 앞서고 나라는 민중에 근거한다는 뜻이다.

보국안민은 『동경대전』의 「포덕문」에 등장한다. 최제우는 서구 자본주의의 침탈을 온몸으로 느끼면서 그에 대한 비판과 동시에 보국안민과 그 실천적 방책을 고심했던 게 분명하다. 그것이 '안민'에 대한 직접적이고 시급한 실천으로서 '유무상자'라고 생각했을 것이다. 이 모든 것은 최제우가 10년 동안의 장사치 활동을 통해 직접 보고 겪은 경험에 의해서 가능했다. 앞에서 나는 이를 '민중-되기'라 불렀는데, 결국 '민중-되기'를 통하지 않고는 '다시개벽'은 어림없는 일일 것이다. 그렇다면 지식인이나 기득권자의 민중-되기만 필요하고 가능한 것일까?

소위 '근대화' 이후 자본은 민중의 삶의 터를 빼앗아 처음에는 민중을 거지로 만들었다가 다음에는 (임금)노예로 만들어버렸다. 이렇게 민중은 경제적인 면에서도 노예가 되었지만, 보다 더 근본적인 차원에서도 노예가 되었다. 수탈은 먹고사는 문제와 더불어 정신과 영혼의 황폐함까지 가져다준다. 즉 우리는 소비하지 않고는 실존할 수 없는 존재가 된 것이다. 이는 어디까지나 근대라는 현실이 강제한 결과이지 각자의 결단으로 찾아온 변화가 아니다. 그런데 민중은 사라지고 소비자만 존재하는 현상과 지금 살고 있는 미증유의 문제들이 무관하다고 볼 수 없는 사례들은 일상에서 충분히 확인된다.

"우리에게 희망이 있는가?" 이 물음은 오늘날에도, 아니 오늘날에 더욱 유효하다. '코로나19'로 인한 고통도 고통이지만, 국가와 자본이 가고자 하는 이후의 시간이 우리를 더욱 암울하게하기 때문이다. 물론 우리에게 이론이 없는 것은 아니다. 도리어 이론 과잉 시대에 살고 있지만 민중-되기와 관계없는 서재와 포럼의 이론은 우리를 놀라게[驚異] 하지 않는다. 어쩌면 우리에게 필요한 것은 지독한 '고생'일지도 모르겠다. 우리에게 '뉴노멀'이 있어야 한다면, 그것은 고생스러운 '민중-되기'를 통한 새로운 사상을 만들어낼 때 가능할 것이다. 그리고 '민중-되기'의 과정에서 우리는 새로운 시간, 다시개벽의 시간을 살게 될지도 모른다. 씨알을 씨알이게 하는 일, 씨알을 쭉정이로부터 분간하는 일은 씨알이 더욱 번성하게 하는 실천에 달려 있다. 이 실천은 씨알이 날아와 싹이 틀 수 있도록 밭을 일구는 일일 텐데, 지금 당장 우리에게 필요한 유무상자는 무엇이며 보국안민은 어떻게 가능할까?

마르크스는 직접 생산자가 생산 수단을 갖는 것은 "사회적 생산과 노동자 자신의 자유로운 개성의 발전을 위해서도 필수적인 조건"이라고 말한 적이 있다. 새로운 유무상자는 소박한 상호부조에서 나아가 직접 생산자가 자신의 생산 수단을 소유한 채 서로 연결되는 것으로 가능하지 않을까. 나는 이런 세상이 '고르게 가난하게 사는 사회'의 토대라는 생각이 든다. 그리고 '고르게 가난한 사회'가 되지 않는 한 기후위기가 가져오는 비극을 피하지 못할 것만 같다.

"우리에게 희망이 있는가?"로 시작되는 글의 제목은 '생명의 문화를 위하여'인데, 이어지는 문장은 다음과 같다. "지금부터 이십 년이나 삼십 년 쯤 후에 이 세상에 살아남아 있기를 바라는 사람이 과연 몇이 될 것인가?" 1886년에 해월이 말한 '이천식천(以天食天)'은, 천지만물이 서로를 먹고 서로의 밥이 된다는 '생명의 문화'를 가리키고 있다. 만일 '이천식천'이 우리에게 유효하다면, 아직도 우리는 서로에게 충분히 밥이 되지 못해서일 것이다. 이 순환의 사슬을 끊어버린 주범은 당연히 자본이다. 동학이 창도되고 민중 혁명으로까지 나아간 것은 그로부터 30년이 조금 지난 후였다. 30년은 우리를 죽게도 하고 살게도 하는 시간이다. "우리에게 희망이 있는가?" 이후 30년은 우리를 죽게 하는 시간이었다. 그럼 앞으로 30년은 어떤 시간이어야 할까? '코로나'라는 하느님이 묻고 있다.

놀람과 설렘

　이명박 정권 시절의 일이다. '4대강 사업'이 한창일 때 마을 앞에 흐르는 강이 구슬피 우는 꿈을 꾼 적이 있다. 꿈의 내용인즉슨, 시골집에 내려가 잠을 자다 꾼 꿈에서 강이 흐느껴 우는 소리에 놀라 일어났다. 눈을 부비며 마당으로 나오자 강이 우는 소리가 허공에 가득했다. 마침 뒤안에서 나오는 어머니께, 누가 저렇게 울어요? 물었더니, 작년 이맘 때 물에 빠져 죽은 동네 양반이 안 있더냐, 하고 말씀하셨다. 북받치는 슬픔에 잠에서 깬 나는 울음을 터뜨리고 말았다. 내용은 다르지만, 어릴 적에 같은 마을에 살던 여자아이가 강가에서 우는 꿈을 한 번 더 꿨다. 그 꿈에서는 멀리 하류에서 포클레인 소리가 들려왔다. 나는 이 꿈들을 어릴 때 직접 겪었던 일과 몸에 각인되었던 강에 대한 감각이 깊은 데서 웅크리고 있다가 '4대강 사업'과 뒤얽혀 만들어진 것으로 해석했다.

오래 전에 꾼 꿈이 새삼 떠오른 것은 국민의힘 윤석열 후보가 4대강 사업을 계승하겠다는 발언을 하고 나서인데 처음에는 다소 멍한 상태로 받아들였다. 나 자신도 바쁜 생활 때문에 강에 대한 감각이 무디어지기도 했을 것이고, 어제오늘 일이 아닌 현실 정치인들의 구태에 언제부터인가 분노의 감정도 아깝다는 생각을 해왔기 때문일 것이다. 그런데 '계승'하겠다면 추가로 더 삽질을 하겠다는 뜻인가? 나에게는 최소한 그렇게 들렸다. 이러한 구태들이 선거 때만 되면 여전히 떠들썩한 것에 진절머리가 날 지경이다. 이번 대선에도 너도나도 개발과 경제성장을 약속하고 있는 것을 보면 4대강 사업을 '계승'하겠다는 공약이 차라리 필연인지도 모르겠다. 자연에 대한 근대문명의 폭력적인 행동과 언어의 대가로 기후위기와 코로나 팬데믹을 혹독하게 앓고 있으면서도 우리는 무언가 한참 부족해 보인다.

철학은 '놀람'에서 시작된다는 말이 있지만 시는 '설렘'에서 시작된다고 말할 수 있다. 개인적으로는 놀람과 설렘 사이에 그렇게 먼 거리가 있다고는 생각하지 않는다. 놀람은 설렘을 불러일으키고 설렘이 놀람을 동반하는 것은 '살아 있는' 존재라면 경험적으로 느껴본 적이 있거나 또는 느끼면서 살기 때문이다. 하지만 놀람이나 설렘은 곧잘 일상에 가려지기도 하고 국가나 자본이 기획하는 '충격과 공포'에 의해 일그러지기도 한다. 일테면 '4대강 사업' 같은 국가의 정책이나 자본이 주장하는 혁신 같은 것들은 우리들을 비상하게 긴장시켜서 놀람이나 설렘이 아니라

우울과 스트레스를 준다. 그리고 그것은 각자도생이라는 탐욕으로 우리를 이르게도 한다. 역사를 돌아보면, 이게 우리가 사는 근대 자본주의 사회의 속성이었다. 그럼에도 불구하고 놀람과 설렘이라는 생명 본연의 현상은 현실의 고통과 억압에 짓눌려 있는 와중에도 '봄볕'이 부르면 언제고 새싹을 내밀 힘을 간직한다. 중요한 것은 이 놀람과 설렘을 우리 자신이 믿는 일인데, 문제는 우리에게 지금 '봄볕'이 있느냐는 점이다.

선거 때만 되면 등장하는 단골 메뉴가 바로 개발과 경제성장에 대한 탐욕이다. 정치가 탐욕을 자극하는 것인지 평소에 쌓인 탐욕이 선거라는 기회를 틈타 고개를 내미는 것인지는 중요하지 않다. 우리는 지금 탐욕이 탐욕을 낳고 양육하는 구조 속에서 살고 있기 때문이다. 이런 현실에서 놀람을 만나고 설렘을 갖는 것은 불가능해 보이기까지 한다. 도리어 놀람을 선사하고 설렘을 전파해야 할 사람들이 화려한 욕망의 잔칫상에 초대받는 것을 좋아하는 것 같다. 코로나가 괜히 온 게 아닌 것이다. 그러나 이 화려한 욕망의 잔칫상을 엎지 못하면 다음에는 마스크가 아니라 방독면을 쓰고 살아야 할지도 모른다. 혹 그 상황이 이미 시작되었는데 느끼지 못하는 것은 아닐까?

그렇다면 우리에게 남은 길은 없는 것일까. 어쩌면 길은 사라진 것이 아니라 우리의 탐욕에게 감금되어 있는지도 모른다. 만일 그렇다면 탐욕을 걷어내는 만큼 길은 드러날 텐데, 탐욕이 무거운지 지레 주저앉는다. 주저앉을 바에 기왕이면 문화적인 포

즈까지 걸치면 '있어' 보이기까지 한다. (이래서 모든 문화가 상품이 되었다.) 하지만 탐욕을 걷어내는 일은 금욕적 절제만으로는 어렵다. 그것은 김수영의 "욕망이여 입을 열어라 그 속에서/ 사랑을 발견하겠다"는 담대한 발상처럼 우리 안에 봄볕이 자라는 기쁨을 반복적으로 경험하는 일을 필요로 한다.

무엇보다 놀람과 설렘은 살아 있는 목숨에 대한 동경과 경외의 감정 없이는 불가능하다. 그리고 이 감정의 충만이 새싹을 가리는 욕망의 잔칫상을 뒤엎는 실천을 부르기도 한다. 생명은 언제 어디서나 약동하기 마련이다. 그것을 가리는 것들을 치워주는 게 설렘으로서의 시의 일이라는 믿음을 다독다독 가슴에 묻으며 오늘은 봄이 오는 길을 걸어야겠다.

빼앗긴 밤에도 별이 빛날까

  윤동주는 「별 헤는 밤」에서 고향 북간도에 있는 어머니와 친구들과 비둘기, 강아지, 토끼 등 자신이 살아오면서 만났던 존재들을 가만히 불러본다. 그것은 지극한 그리움과 고독이 일으킨 영혼의 떨림인데, 경성에 유학 와 있던 윤동주의 온몸과 온 정신을 휘감은 식민지 현실이 불러일으킨 것이기도 했다. 그래서 1940년대의 시를 읽으면 지금도 그의 고통이 전해오는 듯하다. 역설적이게도 윤동주가 겪어야 했던 현실은 그의 언어에 비상한 에너지와 밀도와 긴장을 부여했다. 윤동주의 영혼이 현실과 부딪치면서 빠르게 변했기 때문일 것이다. 시는 언제나 정신과 영혼의 고통스런 소용돌이 속에서 탄생한다. 이래서 시는 지옥에서 쓰는 것이라고 말하는지 모르겠다.

  최근에 어느 젊은 시인의 시집을 읽으면서 그의 세대가 느끼는 고통스러운 현실이 생생하게 느껴져 중간 중간 책을 덮어야 했다. '안다'는 것과 '느낀다'는 것은 다른 차원의 문제이다. 느낌이 없는 앎은 도그마가 될 수 있지만 느낌을 통한 앎은 기왕의 앎을 수시로 무너뜨리고 그 자리에 다른 물결이 들어오게 한다. 이 과정의 연속을 우리는 생기(生氣)라고 부른다.

그런데 이 시인의 작품에는 리듬이 배어 있지 않았다. 따라서 마치 산문을 읽듯이 읽을 수밖에 없었는데, 돌이켜 생각해보니 언젠가부터 시에서 '노래'가 추방되기 시작했다는 기억이 되살아났다. 노래가 빠진 시여야 '현대성'을 가진다고 암묵적으로 합의라도 된 것일까? 만일 서로 맺은 약속이 아니라면 새로 생긴 문화라고 볼 수밖에 없을 터인데, 그렇다면 어떻게/왜 시에서 노래라는 속성이 사라지게 된 것일까, 질문을 던져보는 게 적절한 태도일 것이다.

어릴 때 잠깐 초가집에서 살아본 적이 있었다. 도시 변두리의 낡은 단칸방에서만 살다가 시골의 초가집으로 가게 된 배경은 순전히 개인사에 해당되니 굳이 밝힐 필요는 없을 것 같다. 아무튼 마을에서 전기가 유일하게 안 들어오는 초가집에서 살 때, 마을의 고샅길에도 가로등이 없어서 달이 뜨지 않는 날이나 흐린 날 늦은 밤에는 그야말로 칠흑 같은 어둠이 세상을 지배했다. 전기가 그렇게 흔하지도 않아 마루에 불을 켜두는 집은 없었고, 다들 일찍 잠에 들만큼 농사일이 고됐기 때문이다. 내 기억이 맞다면, 방 안의 전등도 5촉짜리 백열등이 대부분이었을 것이다. 그 당시 어린 우리들에게 가장 두려운 존재는 마을 입구에 서 있는 당산나무였다. 왜냐하면 그 나무에는 귀신이 살고 있었기 때문이다.

  미국의 자연주의 작가 헨리 베스턴은 "인간의 경험에서 밤을 제외하면, 인류의 모험에 깊이를 더해주는 종교적 감정과 시적 분위기도 사라진다"며 "밤을 경외하고 밤에 대한 천박한 두려움에서 벗어나는 법을 배우라" 했다. 우리가 밤을 미워하고 천박하게 두려워하는 사태는 세상이 전깃불로 뒤덮이고 난 이후에 극심해졌는지도 모른다. 서울 같은 제국적인 대도시는 이미 밤을 식민화시켜버린 지 오래 되었다. 지구의 그림자인 밤을 지우는 대신 곳곳에 인위적인 어둠을 만들고, 그 속에서 온갖 비리와 협잡과 음탕을 번식시켰다. 다르게 말하면, 밤에 대한 건강한 두려움 자체를 잃어버려서 이리 된지도 모르겠다. 인간이 자연에 대한 건강한 두려움을 잃어버리면 어떻게 되는지는 곳곳에서 때를 가릴 것 없이 목격한바 그대로다.

  또 우리에게 밤이 없다면 우주에 끊임없이 흐르고 있는 리듬을 느끼지 못한다. 윤동주로 하여금 별을 헤게 한 것도 별빛이 내는 리듬 때문이었다. 말이 거창해서 우주이지, 밤이 사라지고 난 다음에 우리는 귀뚜라미나 여치 같은 풀벌레의 소리, 소쩍새 소리에 가득 차 있는 리듬을 느낄 수가 없게 되었다. 이런 느낌을 얻을 수 없다면 우리의 영혼이 빈곤해지는 것은 당연한 일이고 그렇게 되면 노래를 잃게 되는 것도 자연스러운 수순일 것이다. 결국 남는 것은 거대한 인공 구조물들과 도로를 쌩쌩 달리는 자동차와 매일 처참하게 잘린 푸른 나무들뿐이다. 사고가 나면 우리에게 궤멸적인 파괴를 안길 핵발전소도 결국 밤을 삭제하기 위함이었고, 또 그것을 위해 핵발전소를 더 늘리자고 하는 것이다.

정말로 최근의 우리 '현대시'에서 노래가 사라졌다면, 그것은 밤이 사라진 것과 관계있는 것은 아닐까? 엉뚱하다고 야단치기 전에, 밤이 사라지던 시간과 시에서 노래가 희미해져 간 시간이 어떻게 겹치는지 먼저 살필 일이다. 결국 노래가 사라지면 영혼의 비상도 힘들어지는데, 이미 우리는 '별 헤는 밤'을 빼앗긴 존재들이면서 동시에 그 밤을 버린 존재들이다. 그런 존재들이 만드는 세상이 어떤 모습일지 굳이 말할 필요는 없을 것 같다. 이번 봄에 꿀벌 78억 마리가 죽었다.

김종철과 '고르게 가난한 사회'

　천상병 시인의 「나의 가난은」은, "오늘 아침을 다소 행복하다고 생각하는 것은"으로 시작하는데, 2연 1행은 반대로 "오늘 아침을 다소 서럽다고 생각하는 것은"이다. 시인은 가난이 주는 행복과 설움을 동시에 말한 다음에, 3연에서 "가난은 내 직업"이라고 선언하고 있다. 행복과 설움을 함께 주는 가난이 시의 길이라는 의미로 읽힌다. 4연은 "내 사랑하는 아들딸들"에게 남기는 말의 형식이다. 여기서 시인은, "내 무덤가 무성한 풀섶으로 때론 와서/ 괴로웠음 그런대로 산 인생. 여기 잠들다, 라고" 기억되기를 바라며, "아들딸들"의 삶에도 "씽씽 바람 불어라"고 기원한다. 다르게는, 시인 자신의 삶에 "씽씽 바람"이 불었다는 느낌도 준다. 실제로 가난은 들판과 같아서 "씽씽 바람"이 부는 생기로 가득할 수 있다. 가난을 미워하지 않을 수 있다면 말이다.
　이반 일리치는, 서양에서는 "12세기 후반에 이르기까지 가난이라는 용어는 주로 덧없는 사물에 대해 거리를 두는 태도를" 가리켰다고 전하면서 "가난이 경제적 조건을 의미하기보다 가치 있는 태도를 주로 의미"했다고 말한 바 있다. 물론 언어는 언제나 그 시대의 맥락을 품고 있음을 십분 고려해야 한다. 일리치의 지적이 사실에 가깝다면, 이후 역사는 '가난'이라는 언어의 광주리에 많은 사건과 상처를 담아줬고 결국 그 말의 뜻이 변하고 말았다는 뜻이 된다.

그건 그렇고, 오늘날 우리에게 강요된 가난, 즉 경제적 빈곤이 그치지 않고 생겨나는 원인을 생각해 보는 것은 그 자체로 중요한 실천이 된다. 단적으로 자본주의 경제는 경제적 빈곤을 끝없이 양산하거나 또는 (내)외부 식민지에 전가해야만 존립하는데, 마르크스가 "자유로운 '노동빈민'"이라는 말을 쓰면서 그것은 "근대사의 인위적인 산물"이라고 지적한 데서 일부 드러나듯이, 역설적으로 경제적 빈곤은 공동체의 관여와 보호가 사라진 '자유로운 노동'과 관계가 깊다.

이런 경제적 빈곤으로서의 가난은 일리치가 말한 가난, 즉 "덧없는 사물에 대해 거리를 두는 태도"로서의 가난이 아닌 것은 물론이다. 도리어 "덧없는 사물"에 대한 병리적 집착을 낳는 가난으로 그 의미가 전도된 것이 그간의 역사라고 볼 수 있다. 이제 가난은 "덧없는 사물"을 통해 현실의 고통을 은폐하고자 한다. 이런 현상은 자본주의 경제가 생산한 "덧없는 사물"(상품)을 소비하도록 강요한 데 따른 것이며, 인간의 노동마저 "덧없는 사물"(노동력)로 추락시킨 결과이기도 하다. 따라서 경제적 빈곤으로서의 가난을 벗어나려면 "덧없는 사물"로부터의 이중해방, 즉 자기 자신을 상품화해서 다른 상품을 소비하지 않으면 생존할 수 없는 이중 구속에서 벗어나야 한다. 사실 지금까지의 '진보'는 "덧없는 사물"을 향한 난폭한 여정이 아니었던가.

더 큰 문제는 "덧없는 사물"의 누적이 가져온 결과인데, 우리가 맞닥뜨린 기후위기와 팬데믹은 그것의 현재 버전이다. 지금껏 자본주의는 경제적 가난을 벗어나려면 경제성장이 계속 필요하다고 속여 왔지만, 경제성장은 우리 삶의 터전을 무단히 파괴해왔고, 맑은 공기와 강을 더럽혀왔으며, 결국 이것들이 집적돼 오늘의 사태에 이르고 말았다. 이것은 "근대사의 인위적인 산물"의 극단이라고 부를 수 있다. 당연히 경제적 빈곤으로서의 가난은 사라지지 않았다. 앞에서도 말했지만 자본주의는 경제적 빈곤 없이는 한시도 지탱할 수 없기 때문이다.

2020년에 작고한 〈녹색평론〉 발행인 김종철은, 오래전부터 이 악무한에서 벗어나기 위한 새로운 길을, 레바논의 사회주의 혁명가 카말 줌블라트의 말을 빌어, '고르게 가난한 사회'라고 불렀다. 그가 말하는 '가난'은 아마 "덧없는 사물에 대해 거리를 두는 태도"일 것이다. 그리고 '고르게'는 민주주의와 다름 아닐 터인데, 김종철의 민주주의는 경제적 빈곤을 강제하는 경제성장과 양립 불가한 것이기 때문이다. 그에게 민주주의는 '우애와 환대'라는 공동체 문화 속에서 민중이 스스로를 통치하는 것인데, 그를 위한 최소한의 물질적 삶이 보장, 제공되는 사회가 바로 '고르게 가난한 사회'이다. 그것을 위해 기본소득이 필요하다고 말해진 것은 이제 알려진 사실이다. 결론적으로 경제성장을 위한 강제노동을 줄이는 대신 기쁨과 자기 함양을 위한 노동을 하는 세계가 '고르게 가난한 사회'이지 경제적 빈곤이 보편화된 사회가 그것일 리 없다. 또 경제적으로 빈곤한 사람들을 정신적으로 괴롭히기 위함이 아닌 것도 두말할 필요가 없다. 타는 가뭄의 복판에서, 기후위기를 막는 근본적인 방책은 재생에너지 '산업으로의 전환'이 아니라 바로 '고르게 가난한 사회'를 조금씩 만들어가는 것이라고 나는 믿는다.

디지털이 우리의 미래일까?

 대통령이 반도체 인력 양성을 위한 파격적인 방안을 마련하라고 지시하자 교육부는 곧바로 대학 정원을 늘리겠다고 대통령의 지시에 답을 했다. 이어서 교육부 전 직원이 참석한 토론회를 열기도 했다. 야당인 민주당에서도 이에 대한 토론회를 열었다고 한다. 교육이 산업에 필요한 '인적 자원'을 양산하는 것이라는 사고는 IMF 시절인 김대중 정부 때부터 시작된 것으로 알고 있지만, 대통령이 특정 산업을 위해 교육부가 나서라고 노골적으로 지시하는 상황은 우리를 당혹스럽게 한다. 흔한 말로 교육에는 백년지대계가 필요하다고 하나 이제는 특정 산업의 호불황에 따라 교육 제도가 요동치는 현실을 맞이하고 있는 셈이다.

 그런데 올해 하반기에는 반도체 가격이 하락할 것이라는 전망이 나오고 있다. 이게 일시적인 현상인지 아닌지는 잘 모르겠지만, 자본주의 경제의 속성이 공급과 수요의 '무정부적' 사이클을 반복하는 것임을 감안할 때, 즉석 양성된 반도체 관련 인력들이 대학을 졸업할 미래에 어떤 상황과 마주할지는 아무도 모른다. 만일 극심한 불황이 닥쳐 반도체 관련 공부를 한 청년들이 졸지에 '잉여 인력'이 되는 때가 와도 지금 이 일을 추진하는 사람들 중에 책임질 위치에 있는 사람이 없거나 있다 한들 절대 책임지지 않을 것이다. 이게 우리가 오래도록 경험해온 대한민국 정치와 관료 조직, 언론의 변하지 않는 속성이다. 즉 엘리트 카르텔의 본 모습이다.

코로나 팬데믹이 가속화시킨 측면이 있지만, 그렇지 않아도 우리의 생활은 점점 비대면에 익숙해져 가고 있다. 한국의 가요나 드라마 같은 대중문화가 유튜브나 OTT 서비스를 통해 세계적으로 확산된 지도 꽤 되었다. 이런 현상에 대해 어느 인문사회 잡지는 "새로운 글로벌리티에 대한 환기이자 관심이기도 하고 이 지구적 위기의 시대에 문화에 거는 한 줄의 희망인지도 모르겠다"면서, "새로운 세계의 전환을 이끄는 정동연대의 가능성을 감지하게 하는 것은 아닌가 하는 기대"를 갖고 있다고 말하기까지 한다. 정보통신기술의 발달로 "시장, 국민-국가, 기술이 거침없이 통합된 차원에서 글로벌리티"(『황해문화』「권두언」, 2022년 여름호) 문제가 대두되고 있다지만, 이 '글로벌리티'가 새로운 공동체 구성에 어떤 역할을 할지는 불분명한 일이다. 어쨌든 반도체 산업에서 콘텐츠 산업까지, 전면적으로 펼쳐지는 디지털 기술시대에 대해서 정치적 입장을 초월한 호의 내지는 긍정적인 사고가 팽배한 것만은 사실이다.

하지만 이에 대한 본질적인 문제는 우리 사회의 어디에서도 얘기되지 않고 있다. 먼저 디지털 기술 산업이 지금 시급한 기후 위기 문제와 어떤 관계인가 하는 것이다. 디지털 기술 산업의 발전에 따라 엄청난 증설이 예상되는 데이터센터(IDC)의 경우만 보더라도 전력 수요의 급증이 필연적으로 뒤따르게 마련인데, 이로 인한 온실가스 배출이 대면으로 인한 온실가스 배출보다 많은가 적은가는 문제의 핵심이 아니다. '변함없는' 온실가스 배출이 문제인 것이다.

다음으로, 디지털 기술 산업은 인간의 행동을 패턴화시킬 것임이 분명한데 이를 사람들은 '편리'라고 여길 뿐이다. 디지털콘텐츠의 소비가 어떤 '정동연대'를 가능하게 할지는 모르겠으나, 감각의 축소 내지는 획일화로 인한 인식과 사유 능력의 쇠퇴라는 철학적 질문은 남는다. 현재의 감각과 인식과 정동은, 개인에게 누적된 구체적이면서도 역사적인 경험을 통해 동시에 작동하는 것이어서, 감각의 축소나 획일화는 인식과 정동의 천편일률을 초래할 가능성이 크다. 이런 사례는 이미 우리 사회에 차고 넘친다. 지금 우리가 경험하고 있는 가치와 의미에 대한 이성적 숙고에 앞선 정념의 연대인 '팬덤 현상'이야말로 정동의 천편일률 아닐까? 아울러 디지털 기술 산업은 인간의 몸과 행위와 언어마저 서슴없이 데이터로 환원해 상품화한다. 여기까지가 지금 우리가 겪고 있는 일이다.

    기술의 발달로 생활이 좋아질 것이라는 생각은 이제 일반 상식이 되었다. 대부분의 사람들은 기술 발달이 인간의 신체 능력을 향상시킨다고 단언하지만, 우리가 만지고 맡고 듣고 느낄 수 있는, 즉 일차저인 감각을 구성하는 자연을 파괴하면서 기술이 발달한다는 사실은 곧잘 회피한다. 아니, 인간도 자연이라는 진리 자체를 외면한다. 이렇게 인간 자신을 파괴하는 기술 발달이 어떻게 신체 능력을 향상시킨다는 것인지 모를 일이다. 여기저기서 회자되는 이른바 '디지털 대전환'은 공멸의 길에서 벗어날 생각이 아직 없다는 것을 반증하고 있는 것만 같다. 하지만 우리에게 정작 필요한 것은 자연을 통한 원초적 감각의 회복이며, 그것을 향한 도정이야말로 참된 전환의 길이라고 말할 수 있다. "참된 문명은 산을 황폐하게 하지 않고 강을 더럽히지 않고 마을을 부수지 않고 사람을 죽이지 아니한다."(다나카 쇼조)

'불의 시대'를 넘어서

봄 내내 산불이 일어나더니 지난 11일에는 강릉에서 다시 타올랐다. 바람이 이상하게 강하게 분 날이었다. 바람은 종잡을 수가 없었고 내리는 비도 마찬가지였다. 나는 점심을 먹으려고 사무실을 나섰다가 아미타브 고시가 쓴 『대혼란의 시대』의 어떤 구절이 떠올랐다. 저자가 델리대학에서 문학 석사 과정을 공부하던 때 만난 사이클론에 대한 술회였는데, 버스가 뒤집히고 스쿠터들이 나무 위에 걸려 있는 폐허에 대해 아미타브 고시는 "시각적으로 접촉 가능한, 볼 수 있고 보여지는 하나의 종(species)처럼 여겨졌다"고 썼다. 이때의 충격적인 경험이 아마도 자신의 책에 "폭풍우·홍수 같은 기상 이변"이 자주 등장하는 계기가 된 것 같다고 덧붙이기도 했다. 괜한 예민함 때문일 수도 있겠지만 지난 11일에 분 봄날의 돌풍에서 나는 뭔가 섬뜩한 느낌을 받았는데, 강릉에 산불이 났다는 소식을 식당에 앉아서야 알게 됐다.

툭하면 심판을 들먹이고 지옥을 팔아먹는 것은 기독교의 고질이다. 고대의 대홍수 이후로 세계는 불이 심판할 것이라는 무서운 예언도 역시 기독교의 것이다. 기독교의 허황된 심판론을 믿지는 않지만, 우리가 사는 세상이 불로 뒤덮힌 세계라는 것은 분명한 사실이며 불로 뒤덮힌 미당에 불이 언젠가 우리를 습격할지 모른다는 상상은 그렇게 터무니없는 것도 아니다. 몇 년 전에는 호주를 태운 산불이 있었다. 비단 호주만이 아니라 미국 캘리포니아에서도 대형 산불은 자주 있었다. 우리에게는 울진에서 대규모 산불이 있었는데, 점점 매해 봄에 일어나는 산불은 이제 일상이 된 듯하다. 그런데 이런 산불이 단순한 화재 사고가 아닐 수 있다는 게 문제다.

근대 산업 문명은 사실 불의 문명이다. 그리스 신화에서 읽을 수 있듯 불과 더불어 인간의 문명이 시작된 것은 사실이지만 불이 인간을 '지배한' 문명은 근대에 들어와서일 것이다. 인력이나 축력, 혹은 풍차나 물레방아를 이용해 자연의 운동을 에너지로 바꾸어 쓰다가 불을 이용한 에너지가 근대 산업 문명을 촉진시킨 것은 누구나 아는 사실이다. 특히 전기의 발명은 사태를 급진전시켰다. 그리고 지금은 그 전기를 위해서 핵폭탄을 천천히 터트리는 방식인 원자력발전소가 지구를 뒤덮고 있다. 소년 지구에는 방사능 물질 때문에 생명체가 나타날 수 없었는데 기나긴 시간 동안 방사능 물질이 걷히면서 생명이 시작됐다고 한다. 이 장구한 세월에 대해서 이 이상 말할 능력은 없지만, 분명한 것은 우리는 지금 불의 시대에 살고 있으며 우리의 생명과 문명 자체가 불에 의해 지탱되고 있다는 점이다.

세상 모든 사물은 그림자를 갖는다. 이것을 거창하게 '사물의 운명'이라고 말할 수도 있을 것이다. 불은 음식을 익혀주고 차가운 것을 데워주며 추위에서 우리를 보호해 주지만 그 반대로 날 것의 생생함을 앗아가고 차가움이 주는 명료함을 흐리게 하며 추위라는 원초적 조건을 우리의 감각에서 지워버린다. 문제는 불의 근대화다. 불이 근대화되면서 불은 인간의 생존을 위해 필요한 것이 아니라 물질적 부를 증대시키는 데에 이용되기 시작했다. 불이 생명을 위한 힘이 아니라 산업을 위한 에너지로 변하면서 세계도 변한 것이다. 불의 근대화가 지금껏 어떤 일을 일으켰는지 돌아보는 일은 어렵지 않다. 불에 대한 이런 인식 변화는 결국 불에 대한 권리를 소수의 손에 집중시켜 민주적인 공유를 벗어나게 했다. 공유해야 할 것이 공유되지 않으면 욕망의 바이러스가 번식하기 마련인데 소수가 움켜쥔 것에 대한 욕망을 다수가 품게 되는 것이다. 이렇게 되면 불에 대한 존재론적 물음은 망각되고 만다.

고대 그리스 철학자들은 우주가 물, 불, 흙, 공기로 이루어져 있다고 생각했다. 이러한 인식이 꼭 고대 그리스 철학자들만의 것이라고 할 수는 없지만, 지구에 사는 생명에게 이 네 가지가 얼마나 기초적이고 근원적인 것인지에 대해서는 이제 더 이상 사유되지 않는 것 같다. 하지만 우리에게 4원소로 알려진 물, 불,

흙, 공기의 오염 혹은 타락은 지구에 사는 목숨 자체를 위험에 빠뜨린다. 실제로, 물의 오염이나 불의 남용, 흙의 유실이나 공기의 변질은 여러 질병을 일으키거나 지금 당장 치명적인 결과를 초래한다. 그리고 인간의 정신과 영혼도 붕괴시킨다. 현대 사회에서 보이는 갖가지 병적인 현상들은 어쩌면 물, 불, 흙, 공기의 오염 혹은 타락이 심층적인 원인일지도 모른다. 당연히 이런 사태는 근대 자본주의가 일으킨 것이지만, 자본주의를 넘어서겠다면서도 물, 불, 흙, 공기를 사유하지 않는 경제주의적, 물질주의적 사고 또한 그 책임이 없지는 않을 것이다. 실질적인 평등과 정신의 자유와 영혼의 우애는 물, 불, 흙, 공기의 건강한 순환 속에서만 가능할 것인데, 나는 물, 불, 흙, 공기가 건강한 사회를 '고르게 가난한 사회'라고 불러 본다.

  강릉 산불은 불의 남용(전선의 단락으로 추정) 때문에 벌어졌지만, 물(비)이 찾아와서 그나마 막힌 숨을 내쉬게 해줬다.

우리의 봄은 여전히 아프다

 아침 출근길에 아파트 단지 내 나무들을 아예 말뚝으로 만드는 것을 보고 강하게 항의하자 돌아오는 대답이 가관이었다. 나뭇가지가 부러져 떨어지면 주차해놓은 차에 손상을 입히고 또 태풍이라도 불면 그 피해는 더 심각하다는 것이었다. 그런 사고가 그동안 얼마나 있었느냐고 묻자 상대는 우물쭈물했다. 그런 식이라면 나무들은 그냥 다 뽑아버리는 게 나을 거라고 내가 좀 이죽거렸다.
 어린이 놀이터 주위에 있는 키 큰 나무들의 가지를 대부분 쳐내는 시청 공원관리과의 답은 더 가관이었다. 나뭇가지가 떨어지면 아이들이 다치기도 하니 '쓸모없는' 가지들을 쳐내는 것이라고 했다. 만일 그런 걱정 때문이라면 늦가을에 삭정이를 다듬어줘야지 왜 꽃피는 봄에 그러느냐고 하자 그때서야 사과를 하고 일단 멈추겠다고 했다. 어느 새 우리가 사는 세상은 풍성한 나뭇가지가 쓸모없는 것이 되어 있었다. 대략 5~6년 전의 일이다.

   그렇게 잘린 나무들이 애써 가지를 키워, 오늘 출근하면서 보니 목련과 벚꽃의 꽃망울이 기지개를 켜고 있었다. 몸통은 굵직한데 그동안 새로 자란 가지들은 봉두난발 같다. 큰 상처를 지니고 살아가는 존재들의 모습은 이렇게 어슷비슷하다. 몰골은 가련해 보이는데 그래도 웃을 때는 웃을 줄 아는 힘이 있다. 그 모습이 고맙고 신기로워 한동안 눈을 떼지 못했다. 기후가 많이 변했다고는 하지만 땅속에서 겨우내 깊은 꿈을 꾸었는지 꽃빛들이 맑다.

   국민의힘 이준석 대표의 발언이 요즘 많은 사람들의 불쾌를 자아내고 있다. 그 특유의 혐오 발언 때문이다. 장애인 활동가들의 시위에 대해 그는, "순환선 2호선은 후폭풍이 두려워서 못 건드리고 "4호선 노원, 도봉, 강북, 성북 주민과 3호선 고양 은평 서대문 등의 서민거주지역"의 시민들을 대상으로 하고 있다면서, 짐짓 서민을 위하는 척을 하고 있다. 돌아보니 그는 노원 지역에서 세 번의 출마 경험이 있던데, 자신의 지역구 정치를 위해 장애인 활동가들의 시위를 이용하는 것이 아닌가도 싶다. 이준석 대표 자신뿐만이 아니라, 언젠가부터 이 나라의 정치는 철저하게 표 계산을 하는 공학적 발상이 대세가 된 듯하다. 표만 얻을 수 있다면, 그래서 국회의원이 되고, 대통령이 되고, 시장/도지사가 될 수 있다면 표에 아무 도움이 안 되는, 즉 자신의 정치에 '쓸모없는' 목소리들을 표가 나오는 제단에 올려서 욕 보이고는 한다.

그런데 과연 장애는 '쓸모없음'인 것인가? 이에 대해서 철학자 고병권은 이런 말을 한 적이 있다. 우리가 이런저런 삶의 영역에서 어떤 행위/활동을 할 수 없는 불가능이라는 한계에 마주할 때 우리는 '할 수 없음(disabilty)'을 경험하게 되는데 그것이 바로 '장애(disability)'인 것이며 우리의 일상 언어에도 장애에 부딪쳤다, 장애가 생겼다라고 말하기도 하는 것이다. 즉 그 순간 우리는 '장애인'이 되는 것이다. 그렇다면 '장애인'은 정신적으로 또는 신체적인 특징이나 타고난 무엇이 아니라, 사회적으로 또는 문화적으로 강제되는 상태를 말하는 것에 가까울지 모른다.

만일 이런 '할 수 없음' 상태가 모두 '쓸모없음'으로 치부되고 배제된다면, 이준석 대표 자신도 살아가면서 수시로 쓸모없는 존재가 되는 것이다. 물론 그는 자신도 장애인 이동권에 관심이 많고 그동안 노력했으며, 자신은 장애인 운동 단체의 투쟁 방식을 문제 삼은 것이라고 말할 것이다. 그렇다고 하더라도 인질 운운하면서 자신들의 노력과 약속을 믿고 기다리라는 고압적인 태도의 저변에는 신체적 장애 또는 장애인에 대한 멸시와 저급한 동정이 있음을 자백하고 있는 것이다.

어떻게 보면, '쓸모없음'에 대한 공리적이고 효율적인 사고 자체가 문제인지 모른다. 그런 태도는 언제나 '쓸모없음'의 목소리를 시혜의 대상으로 취급하거나 또는 처분에 대한 권리를 자신이 가졌다는 자기중심주의를 낳는다. 그런데 이 자기중심주의가 자신의 권력을 구축하는 데 이용된다면, 요즘에는 그것을 '갈라치기'라고 부른다. 갈라치기는 엄밀하게 바둑의 언어이지만, 우리는 갈라치기를 시민과 장애인, 정규직과 비정규직, 나무의 몸통과 가지를 분리해서 자기 욕망과 편리에 이용하는 것을 그렇게 부르기도 한다. 그리고 그것의 비윤리성을 은폐하기 위해서 공리성, 효율성, 경제성, 사회적 우선순위 같은 언어들을 들먹이고는 한다. 그리고 이런 언어들은 오늘날 우리의 의식과 무의식을 지배하는 이데올로기인데, 무엇보다도 중요한 것은 나무든 사람이든 지금 숨을 쉬는 존재들을 '쓸모없음'으로 분류할 권리가 누구에게도 없다는 사실이다. 도리어 이른바 '쓸모없음'이 우리 존재와 세상을 더욱 풍요롭게 할뿐이다.

그것을 정치가 모르니 삶이 갈수록 힘들어지는 것이다.

자동차의 속도에서 생명의 속도로

　고 김종철 선생의 「자동차 없는 세상을 꿈꾸며」(『간디의 물레』, 녹색평론사)는 지금 읽어도 진실을 가리키는 바늘이 살아 있는 글이다. 오래전 처음 이 글을 접했을 때 불편하지만 외면할 수 없는 진실 앞에서 놀라지 않을 수 없었다. 나는 그때 자동차가 없었지만 자동차산업의 성장이 사회와 경제의 진보라는 이데올로기를 아무 의심 없이 받아들이고 있었다. 하지만 자동차 문화가 가져온 생태적 문제들은 틀림없는 사실이며 오늘날 우리는 그 대가를 톡톡히 치르고 있지 않은가?

　지난 추석 연휴 때 평소에 끌지 않는 자동차를 몰고 고속도로로 나왔다. 한두 번 겪는 일은 아니지만, 나를 깜짝깜짝 놀라게 하는 것은 자기 속도를 줄이지 않으려는 어떤 저돌성들이다. 예를 들면 차선을 바꾸겠다고 신호를 보내면 속도를 줄여주든가 '알았다'는 어떤 반응이 있어야 하는데 도리어 전조등을 켜면서 위협적으로 다가오는 경우도 있었고, 휴게소를 나와 진입하지 않으면 길이 끝나는 난처한 상황에 빠진 상대방에는 관심 없다는 듯 자기 속도만 유지하는 경우도 자주 경험했다. 이는 어쩌면 나도 부지불식간에 저지르는 행위일지도 모른다.

「자동차 없는 세상을 꿈꾸며」의 처음은 자동차를 버린 조셉 멀로운이라는 미국의 어느 대학 교수 이야기다. 지금 우리나라가 그렇지만 미국은 예전부터 자동차의 나라였다. 멀로운 교수가 어느 날 홀연히 자동차를 버린 이유는, "자동차가 사람을 '제정신이 아닌' 상태로 만들어놓는다는 것을 늘 실감"했기 때문이란다. 나 또한 자동차의 속도는 생명의 속도가 절대 아니라는 입장이다. 국민학생 시절에 운동장에서 뛰어놀다가 다른 아이와 부딪친 적이 있는데, 그 충격이 보통이 아니었다. 이상하게도 그 충돌의 순간과 땅바닥에 나뒹굴며 고통스러워했던 기억이 지워지지 않았다. 인간에게 생명의 속도는 걷는 속도임을 아마 그때 몸으로 알았는지도 모르겠다.

자동차가 사람을 제정신이 아니게 만든다는, 멀로운 교수가 자동차를 버린 이유에는 오늘날 여러모로 되새겨야 할 통찰이 담겨 있다. 우리나라 진보주의자들의 가장 큰 맹점은 과학기술이 우리의 삶과 내면에 끼치는 영향에 대한 무시 혹은 무지에 있는 것 같다. 사실상 대부분은 과학기술에 항복했다고 보는 게 진실에 가까운데, 심지어는 충성을 바치는(?) 태도도 보인다. 과학기술의 발전으로 인한 신체적 편리가 이른바 이상 사회의 필요

조건인 것처럼 말하는 이들도 있다. 그런데 사람은 신체적 불편을 통해 다른 것을 상상하거나 아니면 그 불편을 사유할 수 있는 것 아닐까? 가난이 시를 탄생시키는 것처럼 말이다. 신체적 불편이 무찔러야 할 적으로만 간주되는 한, 인간이 달이나 화성에 가서 살 수 있다는 망상을 버릴 수 없을 것이다. 우주산업이 군사산업과 연결되어 있으며 우주산업은 단지 이윤을 창출하기 위한 거대한 비즈니스라는 것을 망각한 채로 말이다.

지금 달리고 있는 자동차의 속도를 줄이기 싫다는, 줄이면 나만 손해라는 '제정신이 아닌 상태'는 실제로 자동차를 흉기로 만든다. 한편으로는 지금 우리의 존재 양식을 나타내는 은유이기도 하다. 보다 엄밀하게 말하자면, 제각각 소유 중인 자동차 자체가 우리에게 흉기 같은 마음을 만들어 준다. 「자동차 없는 세상을 꿈꾸며」에서 지적한 자동차 문화의 폐단들을 다 열거할 수는 없지만 여기서는 "자동차의 속도 자체가 작고 세밀한 것에 대한 관심을 불가능하게 하지만, 바로 그 속도는 또 자동차 운전자의 심리를 자기도 모르게 공격적인 것으로 만드는 데 기여한다"는 선생의 따끔한 비판만 옮겨놓기로 한다. 그리고 이는 그동안 저지른 엄청난 일을 해결해야 할 당사자로서 인간이 가져야 할 일차적인 마음가짐과 관계가 있다.

이번 추석 연휴의 이상한 더위는 우리의 감성에 적잖은 영향을 끼친 것으로 보인다. 보통 이맘때 가을 햇볕은 따갑기 마련이고 또 따가워야 한다. 풍성한 햇볕을 받아먹고 벼도 단단히 여물어야 하고 과일들도 영양분을 충분히 쟁여야 하기 때문이다. 그런데 장마철 더위처럼 대기는 습했고 온도는 밤에도 내려가질 않았다. 나는 겪어보지 않았지만 동남아시아 지역의 아열대 기후 같다고들 한다. 이 모든 것들이 기후변화가 불러온 현상이라고 불리고 있으며, 어쩌면 올해 여름이 앞으로 겪을 여름에 비해 시원한 여름으로 기억될 거라는 오싹한 예측도 나오고 있는 실정이다. 이에 대해 여러 대책과 방책을 촉구하고, 바뀌어야 할 것은 정치와 자본주의 체제라는 급진적인 비판도 있지만, 자기가 운전하는 자동차의 속도는 줄이지 않겠다는 자본주의가 심어놓은 마음이 그 본질일 수도 있다.

자동차의 속도로는 자본주의를 추월하지 못한다. 오로지 생명의 속도로 '함께' 걸을 때, 자본주의는 드디어 더 달리지 못하고 덜덜덜 멈춰 설 것이다.

다나카 쇼조의 삶과 생명사상

다나카 쇼조가 만난 동학

다나카 쇼조(田中正造)를 말할 때 아시오 구리 광산 광독 사건을 떠올리지 않을 수 없다. 이 사건이야 말로 다나카 쇼조를 '있게' 했고, 또 다나카에게도 근대문명의 본질을 꿰뚫어 본 계기가 되었기 때문이다. 다나카가 보여준 불굴의 삶을 감히 위대하다고 말할 수 있는 것은 무엇보다도 자신의 마음과 생각을 역사의 전개에 따라 끊임없이 변화시켰기 때문이다.

수운 최제우를 포함한 그 당시의 깨어 있는 동아시아 지식인들이 그랬듯 다나카에게도 유자(儒子)로서의 결기가 있었다. 물론 모든 유자가 수운이나 다나카처럼 서구 근대문명의 본질을 꿰뚫고 나아간 것은 아니다. 조선의 위정척사파처럼 보수적인 관점을 더욱 굳건히 한 경우나 개화파처럼 서구 콤플렉스에서 벗어나지 못한 경우도 있었다. 일본에서도 사정은 마찬가지였는데, 서구 근대문명에 기대 막부 체제를 벗어난 대부분의 지식인과 무사 계급은 존황양이(尊皇攘夷) 사상에서 시작해 계몽사상과 자유민권사상을 거쳐 군국주의의 길로 접어든 이가 많았다. 그 대표적인 인물로 우리는 후쿠자와 유키치(福澤諭吉)를 들 수 있을 것이다.

다나카 쇼조의 독보적인 점은, 서구 근대문명으로 접한 계몽사상과 자유민권사상, 나아가 기독교사상까지 흡수한 바탕 위에서 근대문명의 반생명성을 통렬하게 꿰뚫어 봤다는 점일 것이다. 다나카 쇼조의 반근대적 사상이 문제적인 것은 철저하게 민중적인 삶과 실천을 통해서 이루어졌다는 점일 것이다. 물론 다나카는 일본 민중들에 비하면 지식인이라고 부를 수 있지만, 그리고 메이지 초대 중의원이기도 했지만, 근대적인 의미의 지식과 학문의 습득이 아니라 민중의 삶에서 사상을 길어냄으로써 오늘날까지도 생생한 현재성을 발휘하고 있다는 점에서 동학을 창도한 수운과 비교되고는 한다. 청일전쟁 이후 동학농민군의 군율을 접한 다나카는 "동학당은 문명적"이라는 평가를 내리기도 했다는 점에서도 그렇다. 하지만 우리는 이 당시 다나카의 한계도 같이 짚을 필요가 있는데, 그것은 다름 아닌 한계를 넘어 끊임없이 자신을 변화시켜나간 다나카의 진면목을 되새기기 위해서도 그렇다. 그는 1896년에 쓴 『조선잡기(朝鮮雜記)』에서 동학농민혁명을 다음과 같이 평했다.

그러나 조선의 국교는 유교로, 이로써 민심을 내리누르고 있었으므로, 녹두가 쇄신한 종교를 꺼려 반역할 마음이 있다고 몰아 그를 잡으려 하였다. 부하들은 이에 분노해 병사를 일으키지 않을 수 없게 된다. 녹두 한 사람이 병사를 일으키면, 이 한 사람은 당 전체와 관련된지라 동학당 전체가 병사를 일으키기에 이른다. 그런 까닭으로 그 우두머리들은 모두 함께 일본군 손에 죽었다. 조선 백년대계는 정신부터 개혁하지 않으면 안 된다. 일본군이 잘 알지 못하여, 이 새싹을 짓밟았다. 아깝도다.

아직 다나카 쇼조가 동학과 동학농민군의 역사적 의미를 충분히 인식하지 못하고 있음을 확인할 수 있다. 특히 마지막에 "조선 백년대계는 정신부터 개혁하지 않으면" 안 되는데 "일본군이 잘 알지 못하여, 이 새싹을 짓밟았다"는 언명에서 다나카가 '문명화된' 일본의 자리에서 그만 못한 조선을 내려다보고 있다는 것을 느낄 수 있다. 실제로 고마쓰 히로시(小松裕)는 다나카에게 "조선과 중국에 대한 희미한 멸시감도 엿보인다"고 지적한다.

그럼에도 불구하고 다나카의 동학에 대한 평가는 논외로 치더라도 동학을 '종교'로 명확히 보고 있다는 점은 중요하다. 수운과 해월을 알지 못했던 듯 전봉준이 조선의 국교를 쇄신하려 했다고 말하고 있지만, 다나카가 동학을 종교로 명료하게 인식한 것은 아마도 그 자신이 종교적 인간이기 때문일 가능성이 크다. 이는 훗날의 그의 사상을 이해하는 데 중요한 열쇠가 된다. 실제 다나카는 젊을 적에 후지도[不二道]라는 신앙 체험을 하기도 했다. 그리고 이 후지도의 교리가 다나카가 공공(公共)의 삶을 택하는 데 중요한 계기가 되었던 것으로 보인다. 다나카는 감옥 생활 중 기독교를 만났으며 신약성서는 그가 가장 가까이하는 '말씀'이 되었다. 또 아시오 구리 광산 광독 문제 투쟁으로 우치무라 간조(內村鑑三) 등 기독교 사상가들과 맺은 관계도 기독교에 대한 긍정적인 태도를 갖게 한 이유일 수 있다.

참된 문명은 사람을 죽이지 아니 하고

모두에서 말했듯 다나카 쇼조의 삶에서 아시오 구리 광산 광독 사건은 결정적인 분기점이 되며, 이를 통해 다나카의 삶과 사상은 급진적으로 변하게 된다.

다나카가 아시오 구리 광산 광독 문제에 뛰어든 것은 중의원 당선 이듬해인 1891년인데, 이때는 주로 근대적 개념인 소유권과 추상적인 공익의 맥락에서였다. 하지만 그것도 청일전쟁을 계기로 중단되고 만다. 동학에 대한 입장에서 봤듯 이 당시의 다나카는 계몽적인 지식인 이상은 아니었던 것으로 보인다. 청일전쟁이 발발하자 다나카는 무력 충돌에 대한 유감을 표하면서도 지금 당장은 관과 민이 일치단결하여 전쟁을 치러야 하니 내부 문제는 논할 때가 아니라는 입장을 가졌다. 1894년 10월 제7의회에서는 부정행위를 저지르지 않는다는 전제하에 1억5천만 엔의 임시 군비를 승인하는 찬성 연설을 하기도 했다. 이런 시각은 그 당시 일본에 유행했던 '문명 대 야만'의 연장선상에 있었던 것으로 보인다. 『조선잡기』에서 보이듯, 동학당이 조선을 야만에서 문명으로 전화시킬 수 있었는데 일본군이 그것을 모르고 짓밟아서 아깝다는 '문명인'의 동정적 탄식과 궤를 같이 한다. 그러고 보면 "동학당은 문명적"이라는 말도 조금은 다른 맥락에 놓고 봐야 할 듯싶다.

청일전쟁이 끝난 1896년 제9 의회에서 다나카는 아시오 구리 광산 광독 문제에 대해 의회에서 질문을 다시 하게 되는데, 이번에는 아시오 구리 광산 회사와 피해 주민 사이의 합의에 관한 것이었다. 도치기현이 설치한 중재 기관을 통해서 아시오 구리 광산은 피해 주민들에게 약간의 금전적 보상의 반대급부로 피해에 대해 "영원히 불만을 하지 않도록" 하는 합의를 강제했다. 그러다가 1896년 7월에 일어난 대홍수로 와타라세강이 범람하면서 아시오 구리 광산에서 배출된 광독이 도치기현, 군마현 등의 연안 지역을 넘어 이바라기현, 사이타마현, 치바현, 도쿄부 등 관동지방 대부분의 지역에 큰 피해를 끼치고 만다. 이때부터 다나카는 활동의 중심을 의회에서 현장으로 옮기게 된다. 1차적으로 광독 피해에 대한 실태 조사를 벌이고, 아시오 구리 광산과 맺은 합의를 파기하도록 설득해 많은 주민들의 호응을 이끌어냈다. "이처럼 1896년 대홍수의 참상은 다나카를 광독반대운동에 전념시키고, 그를 정당 정치가로부터 사회 운동가로 전환시키는 큰 계기가 되었다."

광독 피해 실태 조사 결과 어린이 사망자가 많았고, 출생률이 크게 떨어진 것이 확인되자 다나카는 죽은 목숨들을 '비명(非命)의 사망자'라고 불렀다. 이는 천명을 거스른 죽음이라는 뜻인데, 이를 계기로 청일전쟁 당시 보여줬던 내셔널리즘의 허울을 벗게 된다. 즉 생명사상에 입각해 사태의 진실을 직시하기 시작한 것이다. 오니시 히데나오(大西秀尙)는 이런 인식의 전환을 일본의 "부국강병의 근대화에 따른 생명 경시 또는 생명의 절대적인 가치의 무시가 광독의 본질임을 깨달았"다고 정리했다. 1898년에 다나카는 서구 근대문명 특유의 전문가주의까지 꿰뚫고 있는 바 "이 참상을 아는 자는 드물다. 그 드물게 아는 자는 누구인가. 분석가 기술자들뿐이다"라고 일갈하기에 이른다. 나아가 다나카의 생명에 입각한 관점은 와타라세강 자체에 주목하게 되었고 1899년의 한 편지에서 "이번 광독 사건 청원의 핵심은 사람을 죽이지 말라, 와타라세강의 물을 맑게 하고 자연이 베푸는 선물을 모두 되살리는 데에 있다. 그 나머지는 모두 그 안에 들어 있는 취지이다. 자연이 내린 축복을 되살리고, 물을 맑게 하고, 사람을 죽이지 말라는 세 가지 조항에 불과하다"고 말함으로써 우리가 아는 반근대 생명사상가의 모습을 보이기 시작한다.

참된 문명은 강을 더럽히지 않고

다나카 쇼조는 아시오 구리 광산 광독 문제에 뛰어든 이래, 1913년 세상을 뜰 때까지 22년 동안 현장에서 떠나지 않았다. 다나카의 반근대 생명사상이 깊어지는 또 하나의 계기는, 야나카 마을에 정착하면서부터다. 1903년에 메이지 정부의 제2차 광독조사위원회는 도치기현 시모쓰가군에 있는 야나카 마을을 유수지(遊水地)에 포함시키는 대안을 내놓는다. 이 유수지화는 광독 물질에 오염된 강물이 수도인 도쿄까지 확산되지 않도록 하려는 도네강과 와타라세강에 대한 치수 계획이었다. 1902년에 처음 발표된 이 계획은 사이타마현에 유수지를 만들려는 것이었지만 가와베와 도시마 두 마을에서 강력히 반대하자 1903년에 계획을 변경해 야나카 마을로 정해버린 것이다. 이에 부응해 도치기현에서는 야나카 마을의 토지 매입을 시도하고, 이에 반대하는 운동을 펼치기 위해 다나카는 야나카 마을로 이주한다.

결국 도치기현은 1906년에 야나카 마을 주민의 뜻과는 상관없이 주민들을 강제 이주시켰다. 하지만 16가구의 주민들이 이에 불복해 마을을 떠나지 않자 일본 정부는 1907년에 다시 토지수용법을 적용해 16가구의 집을 강제로 철거하고 말았다. 다나카는 주민들과 함께 비폭력 반대 운동을 계속해 나갔다. 철거된 주민들이 태연하게 파괴된 집의 잔재들을 모아 판잣집을 짓고 사는 것을 보고 다나카의 마음에 결정적인 전환이 일어나는데,

1911년에 쓴 편지에서 다나카는 다음과 같이 적었다.

> 쇼조도 지난 메이지 37년(1904년) 이래 가르치려 하다가 실패했습니다. 처음부터 쇼조가 야나카 인민의 이야기를 듣고자 힘썼더라면 일찍이 좋았을 텐데, 그리지 않고 듣기는 뒤로 미룬 채 가르치기에만 절박했습니다. 오로지 가르쳐 주려고 가르쳐 주려고만 골똘했습니다.

다나카는 마지막 남은 지식인의 찌꺼기를 버리고 민중이 된 것이다. 다나카에게는 예전부터 전문가 지식인에 대한 불신이 있었지만 그때는 자신을 자신도 모르게 제외시킨 심리였던 것이다. 1912년 2월 26일에 쓴 일기에서도 "민중의 형편을 보려 하기보다는 오히려 자신의 몸을 그 형편 속에 두어야 한다"고 적는데, 민중-되기는 이렇게 몸의 변화가 수반되어야 함을 깨달았던 것이다.

떠나지 않은 야나카 주민들과 함께 살기 전부터 다나카는 이미 근대 물질문명에 깊은 불신을 갖고 있기는 했다. 대체적으로 러일전쟁의 승리를 일본이 군국주의로 나아가는 시점으로 보는데, 내부적으로도 러일전쟁 이후 일본에서는 도시로 인구가 집중되는 현상이 일어나고 있었다. 당연히 자본주의에서 도시의 번영은 농촌의 절대적 피폐를 가져오기 마련이다. 일본도 마찬가지였다. 이제 도시는 거대한 상품의 진열장이면서 근대 물질문명의 온갖 편리가 제공되는 공간이 되었다. 하지만 다나카에게 도시의 번영은 헛된 것일 뿐이며, "세계 인류는 지금 상당수가 지금 기계문명이라고 하는 것에 엇끼어" 죽고 있으며, "전기가 들어와 세상이 어두운 밤이" 되고 말았다. 이런 '극단적인' 주장에 대부분의 사람들은 고개를 돌리겠지만, 그것은 다나카의 근대문명에 대한 비판이 진실에 가깝기 때문일 것이다. 사람은 누구나 진실이 두려울수록 그것을 부정하려는 경향이 있는 법이다.

땅에서 살며 하늘을 공경하는 삶

다나카가 투쟁에 뛰어든 것은 당연히 광독 피해를 입은 민중들 때문이었으나 다나카가 생각하는 민중의 범위는 점점 확대되어 갔다. 드디어 그 민중을 스승으로 섬기는 데에까지 이르렀는데, 1909년 8월 27일 일기에서 "전 세계 사람들은 물론이고, 날짐승, 길짐승, 벌레, 물고기, 조개, 산, 강, 나무에 이르기까지 무릇 이 세상 동식물은 무엇 하나 나를 가르치지 않는 것이 없"다고 썼다. 이 스승들을 만나면서 다나카의 현실 인식은 근대문명 자체에 대한 것이 되었고, 중의원 시절에 가졌던 내셔널리즘은 물론 인간의 편리와 이익만 추구하는 인간중심주의와도 멀어져 버린다.

앞에서 다나카가 후이도를 거쳐 기독교사상을 받아들였다고 했는데, 다나카가 받아들인 기독교사상은 유일신이나 혹은 메시아주의라는 협소한 종교가 아니다. 도리어 천(天)이라는 동아시아적인 신관(神觀)에 가까우며 다나카에게 자연은 사람이 함부로 해서는 안 되는 존재였다. 그는 아시오 구리 광산의 광독이 와타라세강의 범람으로 광범한 피해를 끼친 것을 구체적인 실태 조사를 통해 인식하고, 천재(天災)의 불가피성에 대한 묵종과 인재(人災)의 파렴치함을 구분하기 시작했던 것이다. "치수는 하늘이 다스리는 것이다. 우리가 능히 잘 다룰 수 있는 바가 아니다. 오로지 삼가며 다른 존재(남)를 해치지 않으려고 할 뿐이다." 이게 다나카가 말년에 도달한 사상의 핵심이다. 이는 비단 강에 국한된 것이 아님은 물론이다.

약간의 훈수 조에 가깝긴 했지만 다나카는 이미 『조선잡기』에서 "조선 백년대계는 정신부터 개혁하지 않으면 안 된다"고 했거니와 나중에는 저 훈수가 자신의 조국인 일본에도 적용됨을 알았다. 그래서 그는 일본이 조선을 합병하자 "슬퍼라, 우리 일본, 바야흐로 망국이 되었구나"하고 탄식을 했던 것이다. 도리어 조선의 망국은 미래에 되살아나기 위함이지만 일본은 드디어 망국의 길에 접어들었다고 진단했다. 그렇다면 망해가는 일본을 위한 다나카의 처방은 무엇이었나? 당장 막아내기 힘든 근대 물질문명의 파고 속에서 다나카가 강조한 것은 그것에 맞서는 구체적인 실천(실학)과 사상이었는데, 구체적인 실천과 그에 걸맞는 사상은 당연히 세계를 조작 가능한 대상으로 삼지 않고 세계와 한몸이 되는 것이었다. 그리고 그 세계는 인간들만의 세계가 아닌 천지(天地)가 함께하는 세계, 신은 신의 일을 하고 그 일에 맞추어 인간의 삶을 꾸려나가는 세계였던 것이다.

> 산이나 강의 수명은 만억 년에 이른다. 30년이나 50년 전은 산과 강의 한순간이다. 사람의 짧은 수명이나 모자란 지식으로 생각하니 30년이나 50년을 옛날처럼 느끼는 것이다. 산은 천지와 함께 나이를 먹어 왔다. 또한 귀중한 것이다. 신이 아닌 인간의 간섭 따위는 허락하지 않습니다.

참고 자료
- 『참된 문명은 사람을 죽이지 아니하고 : 나날이 의로움을 향해 나아간 사람 다나카 쇼조의 삶과 사상 1841~1913』(고마쓰 히로시 지음, 오니시 히데나오 옮김, 상추쌈)
- 『다나카 쇼조(田中正造)와 최제우(崔濟愚)의 비교연구 : 공공철학 관점을 중심으로』(오니시 히데나오, 원광대 박사학위 논문, 2018)

꺾이지 않는 마음

제 3 부

다시 민주주의를 생각한다

　내가 처음 조선소 이야기를 들은 것은, 고등학교 다닐 때 친구 집에 놀러 갔을 때였다. 마침 친구 형이 집에 와 있었고 친구가 소개하기를 대우조선소에서 용접을 하고 있다고 했다. 친구의 형은 익산에 있는 국립공업고등학교 기계과를 졸업하고 대우조선소에서 용접을 하고 있다고 약간 자랑 삼아 말했던 기억이 난다. 그 때 처음 배 만드는 데 용접이 필요하다는 것을 알았다. 친구는 서울에 있는 공업고등학교를 다니고 있었고, 나 또한 고향에서 먼 경상도에 있는 공업고등학교를 다니고 있어서 그런지 묘한 정서적 동질감을 느꼈던 기억이 난다.

　조선소에서 배 만드는 일이, 아무리 대기업에서 일을 한다고 해도, 그렇게 자랑삼을 일만은 아니라는 것을 안 것은 훗날 시를 읽기 시작하면서였다. 백무산 시인의 '지옥선' 연작에 재현된 조선소 노동은, 그야말로 목숨을 담보로 하는 노동이었다. 시인이

기록한 조선소 노동은 비록 1970년대의 모습이지만, 이후에 접한 이야기들도 그렇게 달라 보이지는 않았다. 총 9편의 '지옥선' 연작은, 거기가 얼마나 비극적인 노동 현장인지 생생하게 들려주었지만 특히 다음과 같은 구절은 대한민국에서 노동자로 산다는 일이 무엇인지에 대해 내 심연을 뒤흔들어 놓았다. "우리가 쌓은 것이 되려 우리를 짓이기고/ 가야 할 곳마다 철책을 둘러치고/ 비켜 비키란 말야!/ 죽는 꼴들 첨 봐! 일들 하러 가지 못해!"(「지옥선·2—조선소」, 백무산)

대우조선해양 하청노조 부지회장 유최안 씨가 가로세로 1m 철제 케이지에 자신을 감금하는 농성을 시작했다는 뉴스를 접하면서, 몇 년 전 조선업에 불황이 닥쳤을 때 많은 노동자들이 내쫓겼던 기억이 떠올랐다. 그리고 연이어 보도되는 조선업의 활황 소식을 통해 그때 조선소를 떠난 노동자들은 어떻게 되었을까 생각이 일기도 했다. 자본주의 경제가 노동자의 노동력을 이용해 발전하고, 노동력 자체가 자본의 구성 요소라는 것은 이미 마르크스가 세밀하게 분석했던 바다. 그래서 노동자의 분배 투쟁은 자본의 이윤을 침해하는 요소가 된다. 그래서 노동자들의 생활이 아무리 빈궁해도 자본은 정당한(?) 분배를 한사코 외면하려 한다. 그것은 개별 자본가의 인격 문제와는 다른, 구조와 관계있다. 즉, 총자본의 입장이 그것을 외면하게 하는 것이다.

대우조선해양 하청 노동자들의 요구는, 몇 년 전 불황일 때 깎인 임금을 이제 경기가 좋아졌으니 복구해줘야 하는 것 아니냐,는 아주 소박한 요구이다. 그것도 소급해서 달라는 것도 아니고, 지금 임금으로는 도저히 살 수도 없고 5년 동안 그것을 감내해왔으니 '고작' 원상 복구해 달라는 요구에 지나지 않는다. 이에 총자본을 대변하는 한국경영자총협회는 정부에 공권력 투입을 요구했고, 며칠 지나자 대통령이 나서서 답변을 했다. 불법 운운하며 연일 노동자들을 압박한 것이다. 그러자 경찰 수뇌부와 행자부 장관이 현지에 내려갔고, 안전진단을 벌인다고 법석을 떨더니 경찰이 배치됐다. 심지어 대통령은 자신의 휴가와 사태 해결을 결부시켜 발언을 하기도 했다. 그런데 이런 태도는 대통령이 아니라 사법 관료의 모습을 연상시킨다. 맙소사! 지난 선거에서 그렇게 요란하게 뽑은 게 대통령이 아니라 사법 관료였다니.

이 글이 신문에 실릴 무렵이면 어떻게든 협상이 종료될 수도 있겠지만, 이 이야기를 할 수밖에 없는 것은, 복기의 중요성도 나름 있지만, 현 정부와 여당의 퇴행적인 모습 때문이다. 이들이 노동자를 대하는 태도는 사실 그리 낯선 것은 아니다. 도리어 너무 낯익어서 더 불쾌하고 암담할 뿐이다. 세월호 참사도 결국 사람을 사람으로 보지 않고 경제적 이윤 차원에서 다루었기 때문에 일어난 것인데, 그동안 이에 대해 전혀 진일보하지 못한 게 드러났기 때문이다. 여기에는 전 정권인 문재인 정부와 민주당도 자유롭지 않다. 그들은 '촛불'이 요구한 개혁을 제대로 수행하지 '않았다'. 대선 기간 쏟아져 나온 온갖 개발 공약은 두 정당의 본질적인 차이를 느끼지 못하게 했다. 그렇다고 해도 현 정부의 전 정부 타령은, 정말 최악에 가까운 것이다. 전 정권은 '안 그런 척' 했다면 현 정권은 '대놓고' 하는 차이랄까.

나는, 여든 야든 정치권력에게 무언가를 요구하거나 제안하는 일에 별로 흥미가 없는 사람이다. 어차피 그들은 안 듣거나 대충 들을 것이 빤하기 때문이다. 다만, 대우조선해양 하청노동자들의 이야기이든, 유럽의 폭염 소식이든, 아직도 끝나지 않고 있는 우크라이나 전쟁에 대한 것이든, 이제는 시민 스스로가 자기 문제처럼 고민하고 실천을 해야 한다고 말하고 싶을 뿐이다. 길이 안 보인다고? 길은 발명하는 것이지 발견하는 게 아니다. 지금은 '없는 길' 타령보다는 꽃 한 송이를 어떻게든 피우려는 마음이 더 중요하다.

서울을 위하여

지난 (2022년) 8월 8일과 9일에 서울에 폭우가 쏟아졌다. 하마터면 내 낡은 자동차도 동네 사거리에서 오도 가도 못 하다가 그대로 폐차될 뻔했지만, 간발의 차이로 그 순간을 면했다. 문제는 다음날 돌아본 동네의 모습이었다. 여기저기서 양수기를 이용해 지하 상점의 물을 퍼내고 있었다. 뉴스에서는 강남 일대가 막심하게 침수됐고 대통령의 무책임한 행동이 계속 도마 위에 올랐다. 서울시장의 '한강 프로젝트'는 세간의 비웃음을 흙탕물처럼 뒤집어썼고, 집권 여당 국회의원들의 한심한 행태들로 며칠 시끌시끌했다. 그러나 침수 지역의 흙탕물이 빠지고 어느 정도 사태가 수습되면 이 모든 일들은 또 잠잠해질 것이라는 내 냉소는 여전했다.

자연재해는 지구에 사는 목숨들의 숙명이지만, 그러나 각자의 처지에 따라 그 무게가 다르지만, 최근의 상황은 자연재해 자체마저 인재인 게 사실이다. 이야기는 여기에서부터 시작돼야 한다. '기후위기'라는 말이 점점 추상화된다는 느낌이 드는 것은, 우리의 현재 생활이 가능하게 된 역사적 과정을 돌아보지 못하기 때문이다. 실제로 의미 있는 세상의 변화가 있으려면 우리의 실감을 회복하는 일이 급선무인데 시급한 복구와 피해 보상은 재난에 대한 실감을 국가 책임으로 떠넘기는 아이러니를 낳는다. 그래서 대통령과 집권 여당에 대한 정치적 비난에서 멈추고는 한다. 그런데 민주당이 집권을 이어갔다면 이런 일이 벌어지지 않았을까? 이 질문은 현 집권 세력의 비루한 행태를 변호해주기 위함이 아님은 물론이다.

서울에서는 빗물이 도시 정책이 파놓은 길을 따라 흘러가게 되어 있고, 그것의 종착지는 한강이다. '홈 패인' 길을 따라 움직이는 존재들은 그러나 문명 차원의 난관에 봉착하기 마련이다. 자동차도 도로라는 정해진 길을 따라서 움직여야 하기 때문에 자동차가 많아지면 정체가 불가피하듯 빗물도 마찬가지이다. 현대 도시의 길은 거의 대부분 계획적으로 만들어진다. 그 계획에는 여러 가지 요소가 참조되지만, 서울의 경우 노골적으로 상품 판매를 위해 꾸려지기 시작한 때는 '국제화'가 강조되던 1990년대 들어서다. 이때 민자 역사(驛舍)가 만들어졌고, 이것은 이제 일반적인 현상이 되었다. 현대 도시는 이제 자연의 카오스로부터 공동체를 보호하기 위한 질서의 세계라기보다는 온갖 욕망과 이해관계 등이 뒤섞인 무절제하고 비정한 공간이다. 하지만 자연의 카오스는 가끔씩 도시를 휩쓸기도 하는데 감염병도 그중 하나일 것이다.

도시가 첨단화되면 자연의 가공할 힘으로부터 안전할 것이라는 맹신이 우리에게는 있다. 사실 인간이 만든 첨단체계는 자연의 작은 힘을 방어해줄 수 있지만, 그 힘이 커지는 것에 비례해서 도시의 첨단은 위태롭다 못해 도리어 역습의 첨병이 된다. 미국이 핵무기를 가지자 다른 나라들도 핵무기를 만든 것처럼, 이쪽의 날이 매서우면 저쪽의 창끝도 비례해서 벼려지기 마련이고 내 미움은 상대방의 미움을 생기게 한다.

서울시는 이번 침수로 사람의 목숨까지 앗아간 반지하방을 불허한다고 한다. 그리고 거대한 빗물 저류 시설을 강남역, 도림천, 광화문 일대에 만든다고 한다. 각각의 관련 예산이 수천억 원이다. 결국 폭우가 흐르는 길을 더 크게 내겠다는 것인데, 자동차 정체 현상이 심해지면 도로를 더 뚫으면 된다는 발상과 일치한다. 막히고 뒤틀리면 길을 '더' 내면 그만이라는 구태가 살아 있는 한 감당 불가의 자연재해는 더욱 잦아질 것이다. 이런 개발이 기후 위기를 재촉하기 때문이다. 단기적인 방책도 당연히 있어야겠지만 문제에 대한 근원적 접근 없이 개발로 '때우겠다'는 정신적 불구는 이 나라 정치, 경제, 사회 엘리트들의 공통된 특징이다. 다시 말하면, 상상력과 영혼이 경제적 부에 사로잡혀 있는 한 우리는 그치지 않고 자연재해를 만들어낼 것이다.

무엇보다도 서울(정확히는 수도권 전체)을 축소하지 않으면 자연재해는 잦아질 것이고 그 피해 규모와 심도는 더욱 가중될 것이다. 서울의 자연화는 결국 더 이상의 개발을 그만두는 일에서 시작된다. 그런데 이 개발의 문제는 서울에게만 해당되는 것이 아니다. 다른 지역에 퍼지고 있는 서울의 복사본들은 우리의 무의식을 '서울'로 채우면서 이웃의 삶과 생태계에 대한 염치와 절제를 모르는 '제국적 생활양식'의 광범위한 유포를 낳는다.

따라서 이제 우리는 서울의 축소를 정치적, 사회적 의제로 만들어내야 한다. 서울의 축소는 우리 사회에 유의미한 변화를 촉진하는 계기가 되어 지역 간 그리고 지역 내 '함께 삶'이 가능할 것이다. 사실 자연재해를 감당하는 일도 바로 '함께 삶'의 역량과 관계있지 않은가. 그래서 하는 말인데, 서울 축소를 정치적, 사회적 의제로 만들기 위해 서울시장을 전 국민이 뽑는 것은 어떨까? 서울은 '특별시'니까 이만한 특별함 정도는 괜찮지 않을까? 서울도 그만 사람 사는 곳으로 돌아가야 한다.

농업 없이 '선진국' 없다

　쌀값 폭락에 성난 농민들이 논을 갈아엎는 일이 벌어지고 있다. 우크라이나 전쟁과 미국 연방준비제도의 계속되는 금리 인상으로 고환율에 고물가가 계속 밀려오는데 유독 쌀값만 떨어진 것이다. 전라남도에 따르면, 2kg 기준(2021년)에 5만3534원이던 것이 올해(2022년) 6월에는 4만5534원이라고 한다. 15% 가까이 폭락한 셈이다. 이런 상황에서 현 정부와 여당은, 쌀의 생산과 가격이 일정 비율을 넘어서거나 떨어지면 한시적으로 쌀을 시장으로부터 격리해 정부가 의무적으로 구매하게 하는 더불어민주당의 양곡관리법 개정안을 노골적으로 반대하고 있다. 도리어 쌀을 정부가 의무적으로 구매하게 되면 쌀 농가들이 농사를 포기하지 않아 공급 과잉이 멈추지 않을 것이라는 해괴한 발언도 서슴없이 하고 있다. 이런 말은 사실 농민에 대한 무례이면서 농업에 대한 노골적인 천시이다.

양곡관리법 개정안이 갈수록 고사하고 있는 농업과 농촌을 얼마나 살릴 수 있는지 잘 모르겠지만, 그야말로 혁명적인 농업 정책이 나오지 않는 한 농업과 농촌은 백척간두에 걸쳐 있는 나머지 한 발마저 디딜 곳을 잃어버릴 게 뻔하다. 이른바 '근대화'는 농업과 농촌의 소외를 넘은 수탈의 역사였다. 이는 자본주의 축적의 시초가 착취가 아니라 수탈인 사실에서 알 수 있다. 구소련의 공업화도 결국 우크라이나 등 농촌 지역과 거기에 사는 농민의 수탈을 통하지 않고서는 이루어질 수 없었다. 그 바탕 위에서 신기루 같은 대도시가 성립될 수 있었다. 그런데 그 신기루를 만들고 그 신기루 안에서 자기 권력을 유지하는 이들이 언제나 말해온 게 수요와 공급 법칙을 근간으로 한다는 시장 질서이다.

하지만 시장 질서라는 것이 공급과 수요를 스스로 조절하면서 안정화를 꾀한다는 생각은 일종의 시장신비주의이다. 자본주의 시장은 그 태생부터가 안정과는 거리가 멀기 때문이다. 장기간에 걸쳐 되풀이되는 경기 침체와 회복의 평균값이 안정적인 시장 질서로 보이는지는 모르겠으나, 그러는 동안 가난하고 힘없는 사회적 약자들이 숱하게 극단으로 몰렸다. 지금의 고금리와 고환율도 결국 자본 시장의 거침없는 유동과 관계 있지 않은가? 이 와중에 부를 쌓아 올린 이는 누구이고, 삶이 극단으로 몰리고 있는 이들은 누구일까. 미국 연방준비제도가 연이어 금리를 올리는 것은, 그 고의성과는 상관없이 자국의 인플레를 다른 나라로 떠넘기는 일이라는 것도 제법 알려진 사실이다. 이런 자본주의 시장의 진실은 모른 척하면서 고작 수요 대비 공급의 과잉이 쌀값 폭락의 이유라는 피상적인 판단은 쌀농사를 짓는 농민들을 업신여기는 것에 지나지 않는다.

정작 그동안 쌀값이 오르면 쌀을 수입해 시장 가격을 강제로 조정한 것은 대한민국 정부'들'이었다. 작년에도 4만3000여t, 쌀값이 폭락하고 있던 와중인 올해에도 지난 8월까지 1만7000여t의 수입쌀을 시장에 풀었다. 그러면서 책임을 농민에게 떠넘기는 것은, 자기 입으로 들어가는 밥에 스스로 침을 뱉는 행위와 하등 다를 바가 없다. 이런 상황에서 쌀 시장격리 의무화를 시행하면 공급 과잉이 상시적으로 일어난다는 망언을 서슴지 않는 것은, 결국 현 쌀값 폭락이 전적으로 농민 탓이라는 것이며, 정부는 앞으로도 그 책임을 지지 않겠다는 선언에 다름 아니다. 다시 말해, 기후위기로 대두되는 식량 문제에 대해 아무 관심도 계획도 없다는 뜻일 게다. 그들에게 필요한 것은 당장의 경제성장뿐이니까. 내일 일은 '내가 알 게 뭐야!'니까.

도리어 시장격리 의무화를 쌀에만 국한하지 말고, 다른 농산물에 확대 적용하는 상상력이 필요하다. 민주당에서 말하고 있는 수입쌀의 공적개발원조로의 전환을 국내산 모든 농작물에 검토하는 것 말이다. 즉 만약 농산물의 공급 과잉 사태가 벌어지면 그것을 북한을 포함한 다른 가난한 나라와 조건 없이 나누는 방식이다. 이러한 국가 간 호혜 행위는 대통령의 저급한 막말보다 훨씬 더 '국격'을 높이는 일이 될 것이며, 말로만 하는 '선진국' 타령보다 더 실질적인 '선진국'이 되는 묘책이 될 수도 있다.

　기후위기 시대가 도래하자 농업도 그 주범이라는 이런저런 통계와 주장이 나오지만, 그렇다 해도 그것은 농업을 '산업화'로 몰고 간 그간의 수탈적 농정 때문이지 농업 자체가 기후위기를 초래했다고 말하는 것은 과장이다. 설령 농업에서 배출하는 이산화탄소량이 적지 않다 하더라도, 예를 들어 반도체와 철강 산업만 할까. 첨단 산업이 우리에게 물질적 풍요와 편리를 준 것은 사실이나 그만큼 관계와 존재의 풍요를 파괴한 것도 사실이다. 관계와 존재의 풍요에 있어, 땀 흘려 땅을 일구고 그 수확물을 거둬보는 일만 한 게 없다. 그 고통과 기쁨을 깔보는 이들이 권력을 독차지하고 있는 한 우리의 미래는 없다고 봐도 된다!

평화는 지키는 것이 아니라 '사는' 것!

며칠 전에 성주 소성리를 다녀왔다. 박근혜 정권 때, 성주 성산의 방공포대에 사드를 배치하겠다는 발표가 난 후 몇 번 성주읍에서 있었던 집회에 참석했었지만, 그 현장이 소성리로 옮겨진 이후로는 가보지 못했다. 막 소성리에 도착하자 나를 조롱하자는 것인지 커다란 수송 헬기가 파란 하늘을 가로질러 '불법적으로' 사드가 배치된 쪽으로 날아가고 있었다. 사드가 '북한의 위협'에 대한 것이라는 거짓말이 참말로 뒤바뀐 상황에서 소성리가 너무 외로운 싸움을 하고 있다는 생각을 평소에 갖고 있었지만, 변명하자면 소성리는 산골 마을이라 접근하기도 쉽지 않았고, 나는 어쩔 수 없이 외부인(?)이었다.

며칠 전에 사드 기지에 물자 반입을 한다고 진밭교에서 한바탕 씨름이 있었지만, 내가 도착해서 느낀 소성리는, 사드만 없다면 평화 그 자체인 농촌 마을이었다. 진밭교를 지키는 경찰은 더 이상의 진입은 불가하다고 막아섰다. 그 위로 올라가 본들 큰 의미 없다는 것 정도는 알고 있지만, 이렇게라도 한번 찔러보면 국가권력에 대한 '실감'이 미세하게 느껴지기도 한다. 국가권력의 폭력성은 언제나 막무가내이면서 동시에 언제나 힘없는 사람들이 사는 곳에서 가장 적나라하게 드러난다. 강정에서도, 밀양에서도 그랬다. 그리고 그 폭력의 후유증은 지금도 계속되고 있다.

정욱식이 『사드의 모든 것』(유리창, 2017)에서 밝혔듯이 사드는 미국의 동아시아 군사 전략의 일환으로 시작되었다. 하지만 겉으로 내세우는 것은 '북한의 위협'인데, 이 국제정치적 클리셰는 지금도 여전하고 아마 우리가 분단 상황을 극복하지 못하는 한 앞으로도 계속될 것이다. 정욱식에 의하면 방어용 미사일 체계로서의 사드는 '북한의 위협'에 거의 무용지물이다. 사드의 최고 사거리는 200km이고 요격 고도는 40km에서 150km 사이인데 만일 북한이 미사일 발사 각도를 조절해 40km 아래로 쏘거나 150km 위로 발사하면 소용없는 물건이 된다는 것이다. 여기에 실제 요격률을 감안하면 더욱 그렇다. 그럼에도 불구하고 한미 양국 정부는 거짓말을 아무렇지 않게 하고 있다. 성주에 사드를 배치한다고 할 때 중국이 강력 반발하고 지금도 여전한 외교 문제인 것은 사드가 X-밴드레이더를 통해 중국의 본토까지 감시할 수 있기 때문이다.

설령 사드가 유효한 미사일 체계라고 해도, 갈수록 위기가 고조되고 있는 동아시아 상황을 고려할 때 적(?)을 자극하는 무기를 들이는 일 자체가 평화를 위협할 수 있다. 역설적이게도 평화를 지키기 위한 군비 증강은 평화를 지키지 못하고 군사적 긴장을 높일 뿐인데, 마당에 인화물질을 가득 쌓아놓으면 그러지 않을 때보다 폭발이나 화재가 날 가능성이 크게 늘어나는 이치와 같은 것이다. 안전사고를 예방하려면 재해를 일으킬 원인을 미리 제거해야 하는 것 아닐까! 이 간단한 원리를 무시하는 사드 배치가 전쟁 가능성만 높이는 행위임은 누차 지적되었지만 이는 간단히 무시당했다.

소성리에서 만난 강형구 예수살이 소성리 지킴이는, 우리에게 일어날 전쟁을 상상해보자고 권유했다. 잔인한 언어 같지만, 전쟁을 막겠다는 각자의 발심은 전쟁을 심정적으로 멀리하지 않고 대신 가까이에 상상하는 데서 가능할지도 모른다. 죽음을 의식하고 상상하는 것이 도리어 삶을 건강하게 하는 것과 비슷하다고 할까? 상상만으로도 끔찍하다면서 전쟁 위협을 높이는 무기 도입은 용인하는 우리의 정신 상태는 확실히 분열적이다. 전쟁을 상상하기 괴로우면 사드는 떠나야 맞다. 더군다나 한미일이 동해상에서 군사훈련을 하자 북한은 연달아 미사일을 쏘아대고 전투기가 출격하며, 포 사격을 했다. 이런 위험천만한 상황은 우발적 사건으로 연결될 수도 있는데도 아랑곳하지 않는 태도를 보면 국가가 본래 폭력에 기반해 있음을 여실히 보여주는 것이다.

단적으로 말해, 평화는 지키는 것이라기보다는 '사는 것'이다. 평화를 지킨다는 언어에는 어쩐지 화약 냄새가 나며 평화의 본질을 은폐하는 음험함이 배어 있다. 평화를 지킨다는 언어는 타자를 잠재적인 적으로 간주할 때만이 성립 가능한 명제다. 우리 사회뿐만이 아니라 지구 곳곳에서 벌어지고 있는 최근의 일들은 우리에게 깊은 위기감을 주며, 이 위기감의 지속은 개개인의 마음과 영혼에 심대한 영향을 끼친다. 우리가 불안과 공포에 지배될수록 타자에 대한 폭력은 증폭돼서 나타난다. 즉 불안과 공포를 주는 것으로부터 해방되는 것이 평화인 것이다. '평화를 지킨다'는 언어는 폭력적인 국가의 언어이고 '평화를 산다'는 민중의 언어다. 소성리에 있는 자그마한 책방 외벽에, "평화한 마음을 놓지 말라. 평화를 먼 데서 구할 것이 아니라 가까운 내 마음 가운데서 먼저 구하라"는 원불교 2대 종법사 정산 종사 송규의 법어가 걸려 있었다. 소성리는 그가 태어나서 자란 곳이기도 하다.

'죽을' 고비를 '함께' 살기

    2022년 10월, 이태원에서 벌어진 기가 막힌 참사가 일어나기 전에 경북 봉화군 아연 광산에서는 두 명의 노동자가 갱도에 묻혀 고립되는 사고가 벌어졌다. 정확한 시간은 2022년 10월 26일 오후 6시. 이태원 참사는 2022년 10월 29일 밤 10시 20분 즈음에 벌어진 것으로 알려졌지만, 초저녁부터 참사의 전조가 사방으로 타전되고 있었다. 시간순으로는 아연 광산 노동자들이 먼저 갱도에 고립되고 나서 이태원 참사가 벌어진 것인데, 우리는 그 사이에 아연 광산 노동자들을 잊고 있었다. 노동자들의 산재 사고는 이제 일상적인(!) 소식이어서일까. 아무튼 이태원 참사가 벌어지고 난 다음에야 아연 광산 노동자들에게 이목이 쏠린 게 사실인데, 다행히도 221시간 만에 광산 노동자 두 분이 구조되었다.

    단적으로 말해, 이태원 참사는 많은 사람들이 같은 자리에 있었지만 '함께' 있지 못하도록 국가 시스템이 강제한 결과다. 아연 광산에 매몰된 두 노동자는 단둘이어서 가능했을지 모르지만 어쨌든 '함께' 있었다. 우리는 모두 군중이 되는 순간 '함께' 있지 못한다. 이는 근대 자본주의 국가에서 살아가는 한 피할 수 없는 운명일 것이다. 참사 며칠 뒤에 마음이 괴로운 '스스로를 위해' 이태원역 1번 출구를 찾아가 경찰 통제선 안의 참사 장소와 그 일대를 둘러보며 그날의 아비규환을 상상해봤다. 좁은 골목길과 지하철역 인근 인도로 어떻게 그 많은 사람들이 몰려들 수 있었는지 아뜩하기만 했다. 국가 시스템의 보호도 안내도, 적절한 치안도 없었다면 이미 인파는 거대한 소용돌이를 만들었을 것이다. 지하철의 무정차 통과라도 있었다면 소용돌이는 해일이 되지 않았을 수 있다. 우리를 '함께' 있는 대신에 무분별한 군중(mass)이나 개별자로 살아가기를 끊임없이 강제하는 건 자본주의 문명의 특징이며 이것을 잘 운영하는 게 근대국가의 본질이다. 그래야 상품을 팔아먹기 좋고 사람을 상품으로 만들 수 있기 때문이다.

그날, 이태원에 축제를 즐기러 온 사람들이 타전하기 시작한 참사의 전조는 가볍게 무시되었다는 게 지금까지 드러난 사실인데, 선거 때만 주권자인 이들보다 '더 큰 국가'를 지켜야 했기 때문이다. '더 큰 국가'에게는 사법적인 사고'만' 할 줄 아는 불구가 있다. 그래서 참사의 책임 문제에 대해서도 구체적인 인과관계만 강조한다. '더 큰 국가'의 에너지가 온통 엉뚱한 데에 쏠려 있다면 다른 곳에서 공백이 생기는 것은 자연스러운 현상이다. 현 정권 들어서 뉴스는 전 정권과 야당에 대한 전방위적인 수사를 연일 보도하고 있으며, 한반도 상에는 내내 군사훈련이 벌어졌다. 이렇게 국가의 에너지가 '정치 보복'과 군사적 긴장 고조에 쓰이고 있으니 실제 국민들의 안녕이나 복지가 눈에 들어올 리 없다.

사실 윤석열 정부가 들어서기 전에도 우리는 '함께' 있는 능력을 빠르게 잃어가고 있었다. 사람들은 이것을 진영 논리 또는 팬덤 현상이라고도 부르던데, '함께' 있는 능력의 상실이 현 정권을 탄생시킨 밑거름이 되기도 했다. 한 가지 사실에도 해석이 제각각이고, 자기 해석을 인정받고자 사실을 일으킨 '진실'을 찾는 데 노력을 기울이지 않는다. 이제 진실의 성격과 모양이 예전과는 확연히 달라졌다는 '사실'조차 인식하지 못하는 것 같다. 진실이 내보이는 꼬리는 아홉 개를 훌쩍 넘어 구백 개는 되는 것 같은데, 각자 잡은 꼬리를 가지고 진실의 몸통을 잡았다는 아집에 빠져 있는 게 지금의 형국 같다.

들어보면 모두 '옳은' 말이다. 그런데 그것들을 모아보면 그냥 말 더미(dummy)다. 군중과 언어의 더미는 얼마나 가까운지! 각자 진실의 꼬리 한두 개만 가지고 있으니 나타나는 현상일 것이다. 문제는, 진실이 단순히 꼬리의 합(合)이 아니라는 데에 있다. 꼬리의 합이 진실의 몸통이 되려면 모두는 아니지만 대부분 공감하는 합의 공식(公式)이 있어야 하는데 그게 깨져버린 게 꽤 되었다. 기왕의 규범과 척도는 유명무실해졌고 새로운 규범과 척도는 아직 세워지지 않았다. 사실 진영 논리나 팬덤 현상은 이런 사태의 원인이 아니라 결과일 것이다. 그리고 이것은 각자의 말만 앞세우거나, 큰소리로 우기거나, 말해놓고도 안 했다고 잡아떼거나, 법정에서 보자는 협박으로 나타난다. 이렇게 언어가 제 변호와 이익을 위해서 존재하는 한 현실은 암울하기만 한데, 221시간 만에 살아 돌아온 아연 광산 노동자들이 우리에게 믿음과 과제를 동시에 던져준 것만 같다. '함께' 있으면 살 수 있다는 간단한 진리와 그렇게 하지 않으면 안 될 '죽을 고비'에 우리 모두 빠져 있다는 진실을 말이다.

'죽을 고비'는 피해 가서 될 일이 아니다. 그것을 '함께' 살지 않으면 참사는 언제든 되돌아온다. 이 일에 정치는 직접적 역할을 할 수 있으며, 문학에게는 언어의 건강을 회복시켜야 할 책무가 있다. 오늘날 이만한 문학의 정치가 있을 수 없다.

더 적게 갖는 민주주의

　일본 정부의 후쿠시마 핵 오염수 방출 문제로 여러 웃지 못할 상황을 보고 기가 다 막히는 궤변들을 듣는다. 수산시장에 가서 갑자기 수조의 물을 떠먹는 돌발 행동은 정부와 여당이 이 문제를 하찮게 여기고 있거나 혹은 사태의 본질에 아무 관심이 없다는 결정적인 장면이었다. 그렇지 않으면 연일 막무가내식 억지를 부리거나 거짓말을 하지 못한다.

　백번 양보해서 핵 오염수를 바다에 방출해도 그 피해가 크지 않다고 치자. 그러면 이성적으로 차분히 설명하고 설득해야 할 책임은 정부에 있다. 그런 게 없는 것도 문제지만 눈에 띄는 현상은 이 정권 들어서 정권의 실력자들이 너무 자주 화를 낸다는 점이다. 무슨 문화 같다. 아니면 되찾은(?) 권력을 짧게나마 맘껏 누려보고 싶은 집단 무의식인가?

　후쿠시마 오염수가 바다에 어떤 영향을 미치고, 바다에 사는 생명체들에게 그리고 그 생명체들을 먹는 사람들에게 어떻게 스며드는지에 대한 과학적 해설은 차고 넘치니 문외한이 굳이 보탤 말은 없을 것 같다. 다만 말하고 싶은 것은, 영원히 출렁일 듯한 푸른 바다에 산업 폐기물을 버리고 싶은 마음이 아무렇지 않게 든다는 것이 나로서는 이해되지 않는다는 점이다.

사실 후쿠시마 핵 오염수는 산업 폐기물이다. 녹슬고 휜 철근이나 시멘트 조각이나 석면 파편들이 아니라고 해서 산업 폐기물이 아닌 게 아니다. 도리어 일반 산업 폐기물보다 더 치명적인 것이다. 산업 폐기물을 아무 데나, 특히 바다에 버려도 되는가?

내 눈으로 직접 보지는 못했지만 핵 오염수는 아마 깨끗하게 보일 것이고 그래서 그것을 바다에 내버려도 양심이나 마음의 동요가 적을지도 모르겠다. 아무래도 인간은 눈에 보여야 믿을 만큼 매우 시각적인 존재이기 때문이다.

더군다나 바다는 좀 넓고 깊은가. 버리면 좀 어때. 그것 안고 있느라 돈만 들고 그러는데. 이런 편의성, 경제적 효율성에 입각한 편협한 사고는 향후 넓고도 깊은 바다에 아무것이나 버려도 된다는 인식을 암암리에 퍼뜨릴 것이다. 이것은 다시 우리의 감수성을 비틀 것이고 이렇게 되면 이미 우리를 힘들게 하는 기후 위기의 대응에 대한 진전된 태도를 방해할 게 분명하다.

다 떠나서, 우리에게 점점 얇아져 가고 있는 자연과 생명에 대한 경외감은 돌이킬 수 없는 사태에 직면할지도 모른다. 우리는 지금껏 쓰고 버리는 일에 너무도 익숙한 시간을 살아왔다. 삶과 생활에 필요한 물자를 쓰고 버리는 것이 없을 수 없지만, 삶과 생활에 필요한 것에 대한 성찰과 돌아봄이 절대적으로 필요한 시점에 후쿠시마 핵 오염수 방류는 그런 각성마저 무화시킬 것으로 보인다.

과연 우리의 삶에 필요한 것들의 목록은 얼마나 될까. 편리에 익숙한 것이라고 해서 반드시 삶에 필요한 것은 아니다. 도리어 편리 자체가 삶 자체를 망가뜨리기도 한다. 편리는 더 많은 편리를 낳는다. 하지만 편리에서 진정으로 새로운 것은 나오지 않고 진부함에 중독된 좀비만 탄생한다.

코스타리카는 군대가 없는 나라로 유명하다. 모든 나라들이 나라를 지키기 위해서는 군대가 필요하다고 생각하지만 코스타리카는 그 필요를 스스로 없앤 것이다. 이유는 복잡하지 않다. 잦은 쿠데타가 군대라는 필요 때문에 발생되더라는 것이다.

그래서 군대를 필요의 목록에서 삭제해 버렸다. 필요는 발명의 어머니라고 알려져 있지만, 코스타리카에서는 가난이 발명의 어머니라고 한다는 내용을 오래전 어느 책에서 읽은 기억이 난다. 코스타리카 사람들 모두가 그런 생각을 가졌을 리야 없겠지만 가난하니까 발명하더라는 것이다. 우리는 필요를 상품으로 구입하는 데 익숙해지다 못해 상품이 필요를 강요하는 세상에 살고 있는데 이게 경제성장의 은폐된 진실이다.

우리는 정말로 전기가 필요해서가 아니라 핵 발전소에서 생산한 전기가 있으니 관성적으로 쓰고 있는지도 모른다. 뭔가 부족하면 자연스럽게 검소해진다는 역설은 우리가 잠깐 망각한 진실이다. 사실 후쿠시마 핵 오염수는 가슴 아픈 기억의 산물인데, 이 사태를 일으킨 근본 원인은 엄밀히 말해 2011년의 쓰나미 자체가 아니라 후쿠시마 연안에 자리 잡은 핵 발전소였음을 기억할 필요가 있다. 쓰나미가 근대 기술의 약한 고리(원자로의 디젤 예비 발전기)를 건드려서 일어난 일임을 말이다.

이제는 더 적게 갖는 민주주의를 깊게 고민할 때가 되었다.

복사씨와 살구씨와 곶감씨의 세계

히틀러와 나치 일당의 유대인 혐오는 그들의 영혼에서 작동하는 원자로였다. 나치의 유대인 혐오가 학대와 학살로 이어진 것은 이미 널리 알려진 사실이다. 이와 더불어 우생학적 사고에 입각한 '비생산적 인간'에 대한 학살도 잘 알려진 사실이다. 장애가 있는 어린이들을 '소독작업'이라는 규정 아래 가스나 독극물 또는 총으로 쏴 죽이거나 굶겨 죽인 것이다. 이른바 '최종 해결'이라는 유대인 학살을 유대인 혐오 하나로 설명하기 힘든 이유가 바로 여기에 있다. 히틀러는 "강자에게 자리를 내주기 위해 약자를 파괴하는, 자연의 인간성"을 공공연하게 말해왔으며, 1929년 뉘른베르크 나치 전당대회에서 이것은 유대인에게만 해당되는 것이 아님을 밝히기도 했다.

유대인 학살에 대한 지그문트 바우만의 시각은 깊은 통찰의 빛을 던져준다. 바우만은 서구 사회에 면면히 흘러왔던 반유대주의가 히틀러라는 악마를 통해 폭발한 것이 아니라, 홀로코스트 자체가 근대문명의 필연이라고 본다. 바우만에 따르면 "홀로코스트는 우리의 합리적인 현대 사회에서, 우리 문명이 고도로 발전한 단계에서, 그리고 인류의 문화적 성취가 최고조에 달했을 때 태동해 실행"된 것이다. 얼핏 들으면 '우리 모두 죄인'이라는 두루뭉술한 양심적 가책을 가능하게 하는 발언이지만, 문제의 원인을 단순하게 보려는 습성은 본질을 사고하지 않으려는 나태와 편의주의 때문이며 동시에 나태와 편의주의를 낳기도 한다.

히틀러가 바그너의 게르만 신화에 빠진 바그너주의자였다는 사실은 히틀러가 철저한 근대주의자였다는 사실을 은폐하곤 한다. 즉 히틀러는 근대적 이성을 결여한 광기에 사로잡힌 독재자만은 아닌 것이다. 유대인이나 장애인들을 학살한 배경에는 견고한 논리가 있었다. 유대인과 장애인이 독일 사회를 좀먹거나 생산적이지 못하다는 이유가 그것이다. 제1차 세계대전 이후 독일의 혼란 상황, 즉 패전국의 상처를 유대인에게 전가시킨 것과 상처 치유에 도움이 되지 않는다는 장애인 학살이 과연 무관한 것일까?

그런데, 이런 혐오 감정의 종횡무진은 어떻게 가능했던 걸까. 그것은 아마도 바이마르 공화국의 민주정이 붕괴 중인 상황과 연결되어 있을 것이다. 바이마르 공화국의 민주정이 흔들린 것에는 여러 가지 원인이 있겠지만, 제1차 세계대전의 패배 후유

증으로 인한 정신적·문화적 긍지의 위기도 크게 작용하지 않았을까. 경제적 곤란은 개인의 심리적 불안으로 이어지고 심리적 불안은 정신적·문화적 긍지의 위기로 이어지는 건 굳이 바이마르 공화국의 예에서 찾을 필요도 없다.

하지만 히틀러가 (물론 자기 불안도 있었지만) 그 불안과 긍지의 위기를 유대인과 볼셰비즘 탓으로 돌리는 것이 가능한 것을 봤을 때, 바이마르 공화국의 민주주의는 기초가 무너졌던 게 분명하다. 민주주의는 무엇보다도 정신적·문화적 건강 없이는 불가능하다. 그런데 이 건강과 민주주의는 경제 상황이 곤궁해도 훼손되지만 지나치게 풍요로워도 문제가 된다.

소크라테스가 법정에서 "돈이 당신에게 최대한 많아지는 일은, 그리고 명성과 명예는 돌보면서도 현명함과 진실은, 그리고 영혼이 최대한 훌륭해지게 하는 일은 돌보지도 신경 쓰지도 않는다는 게 수치스럽지 않습니까?"라고 아테네 시민들을 질타했을 때, 배심원으로 있던 아테네 시민들은 불쾌했을 것이다. 유죄의 이유로 소크라테스의 이런 '오만'도 적잖이 작용했을 게 분명하다.

하지만 아테네의 오만은 국가 폭력을 동반했다. 델로스섬에 있던 동맹의 금고를 아테네로 옮겨 전용했으며, 이에 불만을 품은 동맹을 침략하고 학살하고 민주주의를 강제로 이식시켰다. 정치적 우월의식과 경제적 풍요는 결국 '자기 자신을 아는' 덕을 빼앗아갔고 소크라테스는 이를 비판하다 목숨을 잃었다.

바우만이 홀로코스트의 배경으로 짚은 '고도로 발전한' 근대 문명은 직접적인 살해를 하지 않는다. 하지만 우리의 정신과 문화의 건강을 훼손하면서 민주주의를 무너뜨리고, 그 폐허 위에 야만의 고속도로를 설계자의 이익에 맞게 건설함으로써 힘없는 목숨들을 희생시킨다.

혁명과 쿠데타의 역사를 온몸으로 다시 살며 내놓은 시인 김수영의 새로운 민주주의, '복사씨와 살구씨와 곶감씨'의 세계가 생각나는 요즘이다. 저 씨알들이 가진 것은 혐오도 정복도 아니고 주식과 펀드와 코인도 아니다. 새잎을 틔울 수밖에 없는 경이와 설렘뿐이다. 그리고 경이와 설렘이 없는 민주주의는 위태롭다는 진실은 지난 역사가 입증해줬다.

그린벨트 해제는 민주주의의 해제다

배우 맷 데이먼이 주연으로 출연한 〈엘리시움〉(2013)은 너무도 빤한 할리우드 SF 액션물이다. 오래전에 봤던 기억으로는, 망가질 대로 망가진 지구에는 가난한 사람들이나 로봇을 생산하는 공장 노동자들을 놔두고 부자들은 지구 바깥에 '엘리시움'이라는 인공 별로 이주해 산다. 생긴 모양은 지금 현존하는 국제우주정거장을 닮았다. 폐허가 된 지구를 버린 부자들은 거기에서 안락한 삶을 누리는데 몇 번의 스캔으로 모든 병을 고치는 기계가 집집마다 구비되어 있기도 하다. 버려진 지구에서 사는 가난한 사람들은 로봇 경찰의 강압적인 통제를 받지만 엘리시움에서는 로봇이 시민들을 보호한다. 그리스 신화에서 엘리시움(Elysium)은 사람이 죽으면 가는 어두운 하데스와 달리 신에 의해 선택된 자들이나 선하게 산 사람들, 또는 영웅들이 죽으면 가는 이상적인 사후 세계라고 하는데, 영화에서는 돈이 신의 역할을 하는 셈이다.

지난 2024년 2월 21일 윤석열 대통령은 "지방 일자리를 만들고 활력을 불어넣을 첨단산업단지"를 위해 그린벨트를 해제하겠다고 밝혔다. 이른바 민생토론회 자리에서 한 말이다. 비수도권 지역에서 지역전략산업을 추진할 경우 국무회의에서 추인하면 무한대로 그린벨트를 해제하겠다는 것이 골자다. 덧붙여 도로나 택지, 산업단지 개발을 하다가 개발지역에 포함되지 않은 자투리 농지에 대해서도 개발을 허가하겠다고 했다. 현재 절대농지로 묶인 이런 자투리 농지의 면적은 전국적으로 여의도 면적의 70배에 달하는 약 2만1000ha이다. 그동안 녹지와 농지의 파괴는 꾸준히 진행돼왔다. 이런 사실을 생각하면 이번에 '선거용'으로 발표된 '토지이용규제 개선 방안'도 별다를 게 없는 것처럼 여겨질지도 모르겠다. 이왕 망가진 거 좀 더 망가지는 게 무슨 대수랴 하는 무관심과 체념이 분명히 있다는 얘기다.

민주주의를 말할 때, 우리는 이를테면 집회·결사의 자유나 표현의 자유 등을 먼저 떠올리고는 한다. 이 말을 뒤집어 보면 민주주의 사회의 시민은 자유롭게 모여서 자기 의사를 표현하고 개인의 자유와 권리를 요구할 수 있어야 한다는 뜻이 된다. 전세계적으로 민주주의의 위기가 거론되는 마당에, 사법관료인 검찰이 사법 권력을 독점한 상태에서 행정 권력을 차지하고 이제는 입법권력까지 노리는 우리의 상태를 일러 검찰 독재라 부르곤 한다. 현상적으로 검사 출신의 대통령에, 검사 출신의 여당

대표에, 여러 요직에 검사 출신들이 앉다 보니 그런 말이 나오는 것은 자연스러운 일이다. 검찰 독재가 사실이건 아니건 간에 영화 〈엘리시움〉에서처럼 자유와 권리가 부나 권력이 기준이 되어 배분되는 사회는 확실히 민주주의와는 거리가 멀다. 단지 시민들에게 선거권이 있다고 해서 민주주의라고 부른다면 민주주의는 그냥 껍데기에 지나지 않는다. 또 집회·결사의 자유나 표현의 자유만 가지고는 민주주의가 제대로 설 수가 없다. 그런데 집회는 왜 하는가? '말'하기 위함이 아닌가?

하이데거는 "언어는 존재의 집"이며 "언어라는 가옥 안에 인간은 거주한다"(『휴머니즘 서간』)고 한 적이 있는데 하이데거가 말하는 '존재'는 인간의 '말'로는 명료하게 규정하기 힘든 것이다. 다만 하이데거가 '존재'를 언급할 때 대지와 자연(physis)을 같이 말하는 것을 보면, 최소한 대지와 자연이 '존재'에 다가가는 실마리 정도는 될 것이다. 따라서 대지와 자연이 망가지면 망가질수록 존재는 궁핍해지고 궁핍한 존재가 거주하는 언어 또한 부실해진다는 논리도 충분히 가능하다.

그런데 대지와 자연은 무엇이 망가뜨리는가? 앞에서 윤석열 대통령의 발언에서도 드러났듯이 자본(의 결과물이면서 다른 형태의 자본인 기술)이다. 자본의 증식, 즉 무한한 경제성장에 대한 망상이 대지와 자연을 폐허로 만들고 그에 비례해 우리의 언어는 처참해지며, 그 처참한 언어로 말하고 표현하는 민주주의라는 것이 과연 무엇을 가리킬지 의문이 든다. 물론 '존재의 집'으로서의 언어와 우리가 일상적으로 쓰는 언어가 똑같은 것은 아니지만, 따로 떨어져 성립하는 것도 아니다. 따라서 우리가 민주주의의 위기를 말할 때, 그 근저에 대지와 자연의 파괴가 있지 않은지 의심을 가지는 것은 너무도 자연스러운 일이다.

이미 오래전에 고 김종철 선생은 대지와 자연의 파괴가 민주주의와 불가분하게 연결돼 있음을 간파한 바 있는데, 2002년에 발표된 「땅의 옹호」에서 "미국의 자본주의와 산업화가 엄청난 규모로 발달함에 따라서 사실상 미국사회는 갈수록 진정한 민주주의 사회와는 거리가 먼 사회가 되었"다고 비판했다. 결국 엘리트들의 특권과 부의 편중을 막고 진정한 민주주의 사회를 만들려면 근본적으로 대지와 자연을 지켜야 한다는 결론에 이르게 된다. 대지와 자연의 파괴가 자행되는 만큼 민주주의도 무너진다면, 그린벨트 해제는 민주주의 해제와 같은 의미가 되는 게 아닐까?

'이따금씩'이 만드는 민주주의

　'지옥'이란 말이 이제는 아무렇지 않게 쓰이는 세상이다. 예전에는 악행을 저지른 사람이 죽어서 가는 곳이라 알려졌는데 그것은 비단 기독교의 영향만은 아니었을 것이다. 어떻게 살았느냐에 따라 천국도 가고 지옥도 간다는 말은 현세의 제도나 법으로는 다룰 수 없는 나쁜 행동과 마음가짐을 향한 민중의 바람 내지 자기 단속이었을지 모른다. 다르게는, 고달픈 현생의 삶에 대한 보상 욕구이기도 했을 것이다. 아이러니하게도 착한 사람은 하늘이 먼저 데려간다는 말을 나는 제법 듣고 자랐는데, 그것은 그 사람에 대한 안타까움과 죽어서라도 이승의 고달픔에서 벗어나길 바라는 마음이었으리라 생각해 본다.

　그런데 이 지옥의 의미가 점점 달라졌다. 예전에도 현실의 삶이 너무 힘들면 왕왕 '사는 게 지옥'이라고 했지만, 언젠가부터 우리가 지금 사는 이곳 전체를 지옥이라 부르기 시작했다. 얼마

전 유행했던 '헬조선'도 지금 여기가 지옥이란 뜻 아닌가. 심지어 '타인은 지옥이다'는 말도 있었는데, 이는 어느 웹툰의 제목으로 무너져버린 내면을 가진 인간들이 서로 힘이 되는 게 아니라 서로 상처와 함정이 되는 현실에 대한 음울한 진단이라 들었다. 이렇게 우리는 이제 정치, 사회적 현실에서 창궐한 지옥 귀신이 이웃이나 친구 사이마저 헝클어놓은 세상에 살고 있다고 봐도 무방하다.

얼마 전 출간된 더글러스 러미스의 저작 『래디컬 데모크라시』(한티재)의 '제5장 민주주의의 덕목들'은 흥미롭게도 신앙 문제를 다루고 있다. 저자는 먼저 '신뢰와 약속' 이야기를 꺼내는데 이것은 상식이라는 너무도 흔한 주제를 다루기 위함이다. 하지만 저자는 "우리가 꿈꾸는 신뢰의 세계와 우리가 살고 있는 현실 세계의 잔인한 괴리"를 잘 알고 있다. 세속적인 신뢰와 약속을 다루다가 종교적인 신앙을 거치는 지적/정신적 도약은, 아마도 현대 자본주의 세계에서 진즉 퇴출된 신뢰와 약속에 다른 의미를 부여하기 위함인 듯 보인다. 저자의 이런 도약에 빛이 번쩍, 하는 부분은 신에 대한 신앙을 자식이나 이웃 등에 대한 믿음으로 역전시키는 지점이며 이것을 그는 '민주주의 신앙'이라고 부른다. 그전에 더글러스 러미스는 종교(기독교)적 신앙에 내재된 일종의 '미래주의' 그리고 그것의 세속 버전인 '진보주의'를 예리하게 도려내어버린다.

추상적인 존재자에 대해서가 아니라 "실제 사람들을 신앙의 본래 대상"으로 삼는 것이 "민주주의적인 사유를 위한 출발점"이라고 명확히 밝힌 저자는, 아브라함이 자신이 이삭의 아버지임을 참되게 믿었다면 하느님의 명령을 거절했어도 하느님에게 벌 받지 않을 것임을 믿었으리라고 말한다. 하지만 아브라함에게는 어머니라면 분명히 가졌을 이 믿음이 없었다. 아브라함이 만일 신과 서약을 맺었다면 동시에 아들을 보호해야 한다는 서약도 맺었을 텐데, 그것을 몰라서 아브라함은 신의 진정한 시험에서 탈락했고 이후 역사는—기독교의 역사뿐만 아니라—피로 점철된 '아브라함의 신앙의 저주'에 걸린 것일지도 모른다고 더글러스 러미스는 말한다. 다시 말하면 신과의 약속에는 사람들과의 약속도 포함되는 것인데, 아브라함은, 아니 서구 문명은 그것을 몰랐다는 이야기도 될 것이다.

하지만 더글러스 러미스가 '민주주의 신앙'에 대해 감상적인 마음을 갖고 있는 것은 아니다. 그는 분명하게 "인간이 가질 수 있는 약함과 어리석음과 두려움에 대한 분명한 이해의 토대"를 말하고 있기 때문이다. 도리어 이런 약점들 때문에 "신앙처럼 무거운 무언가가 요청"된다. 왜냐하면 민주주의는 약점투성인 인간이 "이따금씩" 보여주는 "민주적 신뢰의 세계"에 기반하고 있기 때문이다. 저자에게 "민주주의 신앙은 사람들에게서 이따금씩 볼 수 있는 모습을 근거로 사람들의 가능한 모습을 믿으려는 결심이다." 인간이 "민주적 신뢰의 관계"를 이따금씩 보여준다고 해서 그 관계를 향한 욕망마저 이따금씩 갖는 것은 아닐 것이다. 어쩌면, 이따금씩 보이기 위해서라도 그 욕망은 상당히 뿌리 깊고 지속적일 것이다.

그런데 '민중이 사라졌다'는 이야기와 타인이 지옥이거나 감옥이 된 현상은 겹치지 않는가? 뒤집어 생각하면 인간이 인간에게 특별한 무엇을 바라는 것 자체가 인간의 "약함과 어리석음과 두려움"의 증표일지 모른다. 물론 역사적으로 인간과 인간의 관계, 인간과 자연의 관계를 분열시킨 주범은 근대자본주의가 가져온 상품 사회다. 더구나 지금은 인간의 정신과 언어와 마음마저 인공지능 등으로 인해 상품이 되고 있지 않은가. 타인(자기 자신)의 '이따금씩'을 믿는 일이 민주주의를 위한 시작이고 나아가 상품 대신 '민주주의 신앙'이 상식이 돼야만 근원적 민주주의 사회일 것이다. 그리고 이것이 우리가 처한 일대 위기를 극복하는 유일한 길일 것이다. '지금 개벽'이 긴급한 이유다.

꺾이지 않는 마음

   2022년 카타르 월드컵에서 기적적으로 16강에 오른 우리 축구 대표팀 선수들이 태극기에 적은 글귀가 화제였다. '중요한 것은 꺾이지 않는 마음'. 누군가는 '꺾이지 않는'보다는 '꺾지 않는'이면 어땠을까라고 말하지만, 마음이라는 것이 언제나 풍전등화와 같은 것이니 '꺾이지 않는'이 더 실감 난다. 확실히 '꺾이지 않는'에는 누군가 혹은 무엇이 나를 꺾으려 한다는 현실이 숨어 있다. 그것에 굴하지 않고 처음 마음을 간절히 지키겠다는 것이 '꺾이지 않는'에 담겨 있는 것만 같아 뭉클하기도 했다. 이 뭉클함은, 그치지 않고 우리의 마음을 꺾으려는 사람들이 여전하다는 것 때문에 드는 감정일 것이다. 가장 최근에는 안전운임제의 연장과 확대를 요구한 화물노동자의 파업을 현 정부와 여당인 국민의힘이 마치 영토를 침범한 적군처럼 대한 일이 있었다. 연이어 벌어진 노동시간을 늘리려는 반동적 행태나 장애인들을 대하는 비정한 태도도 마찬가지 예에 해당된다.

사람의 마음은 숱하게 꺾이고 다시 고개를 드는 게 사실이지만, 내 마음이 지금 꺾였다고 다른 사람의 마음도 꺾였을 것이라는 판단은 그다지 '과학적'이지 않다. 그것은 단지 내 마음을 통해 다른 사람의 마음을 짐작하는 것이기 때문에, 그냥 주관적인 심리 상태에 지나지 않다. 역사를 돌아봐도 그렇다.

1894년의 동학농민혁명이 실패로 끝나고 결국 조선은 일본의 식민지가 되었지만, 25년 뒤에 다시 경천동지한 사건인 3·1만세운동이 일어났다. 일제 식민지 기간 동안 독립에 대한 마음이 꺾이지 않았다는 것은 우리가 아는 역사 그대로이다. '꺾인 마음'인 일부 부역자들 때문에 역사의 흐름도 꺾였다고 단정하는 것은 대체로 경솔한 지식인들의 정신이다. 전쟁의 폐허를 발판 삼아 강고해진 이승만 반공 독재를 무너뜨린 것도 결국 '꺾이지 않는 마음'들이 면면이 이어져 왔기 때문이다.

신동엽 시인은 4·19혁명의 뿌리를 1894년 동학농민혁명으로 잡았다. 이런 역사적 혜안을 그 당시에는 김수영도 갖지 못했다. 4·19혁명이 1년 뒤의 군사쿠데타로 뒤집히고, 그 뒤로 박정희와 그의 후예들이 장기 집권을 했지만, 그 체제도 결국 '꺾이지 않는 마음'들이 모여서 무너뜨렸고 여러 부침을 겪으며 몇 년 전에 우리 스스로가 촛불을 들고 그것을 다시 해내기도 했다. 박정희의 정신적 후예들이 우리 사회의 도처에 박고 있는 뿌리가 이렇게 깊은 줄 몰랐지만 말이다. 그래서 세월호 참사 때 쏟아졌던 인면수심의 언어들이 이태원 참사가 일어나자 다시 등장했을 것이다. 역사는 어떻게든 반복된다는 진리를 확인하는 가장 최근의 경험이기도 했다. 역사가 반복되는 것이라면 치욕의 역사만 그러지는 않을 것이다. 우리가 '꺾이지 않는 마음'만 가지고 있다면 촛불의 반복도 언젠가는 일어날 것이다. 물론 그 형식과 시기는 아무도 모르지만 말이다.

김수영이 4·19혁명의 뿌리를 동학농민혁명에서 찾지 못한 것은 사실이지만, 그것은 그가 살아본 당대의 혁명에 미쳐 날뛰느라 그랬을지도 모르고, 혁명의 퇴행에 예민한 반응을 보이느라 숙고가 부족해서일지도 모른다. 하지만 그는 그 와중에 쿠바혁명을 다룬 라이트 밀즈의 『들어라 양키들아』를 읽고 독후감을 남기기도 했다. 한 개인에게 모든 것을 감당케 하는 것 자체가 애초부터 있을 수 없는 일이라고 한다면, 후세의 입장에서 봤을 때 신동엽과 김수영은 각자 다른 정신적, 문학적 유산을 우리에게 남겼다. 신동엽은 과거로 돌아가 미래를 찾으려 했는데 비해, 김수영 또한 과거를 돌아봤지만, 대체로 인식의 외연을 넓혀 미래를 상상했다. 즉 김수영의 역사 인식은 자신이 살아본 혁명을 통해 미래로 나아가는 것이었다.

새삼 돌아보면 신동엽과 김수영에게 공통적으로 발견되는 것도 바로 '꺾이지 않는 마음'이다. 사실 문학이라는 것은 이 '꺾이지 않는 마음'에 크게 좌우된다. 두 시인은 자신들의 문학적 영예를 위해서가 아니라 자신이 사는 시대를 제대로 살기 위해서 그랬다는 점이 중요하고, 오늘날까지 두 시인의 작품이 살아 있는 이유도 여기에 있다 할 것이다. '자식들을 위해서' 같은 언어가 요즘에는 허언으로 여겨지기도 하지만 미래를 구체적으로 상상하기 위해서는 지금 자라고 있는 아이들의 삶을 깊게 헤아려 보는 훈련이 도움이 된다. 살아 있는 존재를 망각한 미래는 생명 없는 관념에 지나지 않기 때문이다.

미래의 청사진을 만들어 학습시키려 하는 것이야말로 '꼰대'의 발상일 텐데, 시급한 것은 기성세대가 먼저 '꺾이지 않는 마음'을 갖는 것일 게다. 김수영 혁명시의 높은 봉우리인 「사랑의 변주곡」은 아들에게 당부하는 말로 끝난다. 여기에서 김수영이, 자신의 '예언'은 "그릇된 명상이 아닐 거다"고 확신하는 것은 여전히 '꺾이지 않는 마음' 때문이다. 4·19혁명을 통해 살아봤던 '하늘'은 꼭 다시 온다는 그 마음 말이다.

사이버레커들의 서식지

　사이버레커를 처음 실감한 것은, 2022년 12월 30일이었다. 이태원 참사가 벌어진 지 두 달하고 하루 지나서인데, 녹사평역에서 이태원 쪽으로 가는 길에서 추모 문화제를 하는 자리였다. 날씨가 많이 추웠지만 춥다고 말하는 것도 산 자의 투정 같은 생각이 들었다. 추모 문화제가 있기 한참 전부터 행사장 옆에는 딱 봐도 어떤 부류인지 알 만한 사람들이 휴대폰으로 현장 중계를 하고 있었다. 다른 집회 현장에서도 본 모습이라 그리 낯설지는 않았지만, 나는 그게 누구든 현장을 중계하는 데 '사명감'을 가진 사람들이 신기하기만 했다. 따지고 보면 우리 모두는 페이스북을 통해서건 인스타그램을 통해서건 현장을 알리는 데 익숙해져 있는 것도 사실이다. 그런데 그날 만난 유튜버들은 뭔가 남달랐다. 얼굴을 뒤덮은 증오심이 느껴졌는데, 추모 문화제가 시작되자 우리 쪽으로 눈을 번득이고 있다가 정권을 비난하는 말이 나오면 소동을 부리고는 했다. 동시에 언어 충돌 상황을 중계했다.

'사이버레커'라는 말은 자주 들어봤지만 그 뜻에 대해서는 깊게 생각하지는 않았다. 온라인 공간에서 만들어진 신조어를 따라갔다가는 제 명대로 살지 못한다는 평소의 투덜거림 때문이기도 하지만, 아무 실제를 갖지 않는 버캐 같은 신조어들은 좀 무시하는 게 여러모로 이롭다는 평소 지론 때문이기도 했다. 우리의 삶이 대도시화되고, 또 테크놀로지에 깊이 의존할수록 언어도 그것을 따라간다는 것은 굳이 그 증거를 댈 필요가 없는 경험적 진실이다. 물론 태어나 보니 서울인 세대들은 이해 못할 '진실'일지도 모른다. 왜냐하면 그들에게는 서울 바깥이란 곳은 이질적인 타자의 영토니까. 테크놀로지도 마찬가지다. 모든 경험이 디지털 기기를 매개로 해서 이루어지다 보면, 실제 세계가 도리어 환영 같을 때가 있는 법이다. 여기서 인간의 뇌 작용을 들먹이면서 인간의 인식이란 것 자체가 결국 하나의 환영, 주관적인 판타지라고 주장하는 순환론에 빠진 이들은, 자신도 모르게 대도시와 테크놀로지가 일으키는 정신의 왜곡을 변호하는 역할을 맡게 될 것이다.

시간이 약간 지난 책이지만 미국의 언론인인 프랭클린 포어는 자신이 쓴 『생각을 빼앗긴 세계』(반비)에서 다음과 같은 말을 한 적이 있다. "이제까지 인간과 기계의 결합은 인간에게 유리한 쪽으로 진행되어 왔지만, 이제 우리는 새로운 시대로 접어들었고, 그 둘의 결합은 개인을 위협한다." 여기서 "개인을 위협한다"는 것은 인간의 본성이라 알려진 것을 변형시킨다는 뜻이다. 인간의 자연적 본성이란 것이 과연 있느냐 없느냐 하는 철학적 물음은 최소한 여기선 무의미하다. 왜냐하면 유튜브의 선정적인 '클릭 비즈니스'가 우리의 마음을 실제적으로 황폐화시키고 있기 때문이다. 그런데 여기서 프랭클린 포어는 "소셜미디어가 거짓과 음모를 확산하고, 무엇이 사실인지에 대한 공통된 합의가 소멸하면서, 권위주의가 등장하기 좋은 환경이 만들어지고 있다"고 진단한다. 체감상 유튜브는 인스타그램이나 페이스북을 합친 것보다 더 큰 파괴력을 가지고 있으며 유튜브를 통해서 생산되고 유통되는 유해 정보들의 폐해는 민주주의 차원에서도 심각한 일이다.

사이버레커는 다들 아시다시피 이런 새로운 콘텐츠 비즈니스 시장에서 타인의 불행이나 사고, 과오 등을 확대, 확산시키면서 돈을 챙기는 장사꾼이다. 장사꾼이라고 부르기도 아깝지만 어쨌든 이들은 폭로와 고발을 빙자로 타인의 아픔에 소금을 뿌리고, 필요하다면 더 후벼파는 일도 서슴지 않는다. 문제는 이런 행위들이 그들의 호주머니만 두둑하게 하는 게 아니라 사회에 이상한 정신 질환을 퍼뜨린다는 데에 있다. 이것은 단순한 관음증 수준이 아니라 사디즘과 마조히즘 사이에 태어난 변종이라고나 할까. 남이 불행해야 자신이 행복한 것 같은 졸렬함은 차라리 인간적이다. 남의 불행에 기꺼이 비용을 지불하는 신종 정신

질환을 뭐라 불러야 할지 잘 모르겠다.

예수가 어떤 광인의 몸에 들어가 있는 귀신을 돼지에게 집어넣은 적이 있는데, 그 귀신은 로마 군대 귀신이었다. 해석자들은 그 마을 근처에 주둔하고 있던 로마의 군단(軍團)과 관계가 있을 것이라고 전해주고 있다. 인간의 마음과 정신이라는 것은 이렇게 몸이 속해 있는 세계와 긴밀히 상호작용하는 법이다. 그렇다면 사이버레커들이 몸담고 있는 세계는 어떤 곳인가?

데이비드 하비는 "(인터넷과 소셜미디어 같은) 새로운 기술은 유토피아적인 사회주의적 미래를 약속하지만, 다른 형태의 행동을 수반하지 않을 경우 자본에 의해 착취와 축적의 새로운 형태와 양식으로 흡수되어버린다"고 경고한 적이 있다. 여기서 "다른 행태의 행동"에는 자연에 대한 관계라든가, 사회적 관계, 일상생활, 정신적 관념 등이 포함된다.(『자본주의와 경제적 이성의 광기』, 창비) 사이버레커들의 서식지에 대한 긴장과 문화투쟁이 시급하다.

치통

 어제 마신 술 때문인지 잠깐 잠잠하던 이가 아프다. 다행인 것은 지난번보다는 심하지 않다는 점이다. 출근길 전철에서 내리면서, 사무실에 들어가면 소염진통제를 먹어볼까 하다가 생각을 그만 멈추고 말았다. 너무 편한 생각 같아서 그랬다. 일단 내 몸이니까 이런 아픔 정도는 기꺼이 아파 보자는 마음이 일었던 것이다. 아프면 병원 가고 약도 먹고 그러는 거지 뭐, 이런 말들은 내가 남에게 자주 하는 말이긴 한데, 알고 보면 그 아픔을 함께 앓기 성가셔서 하는 말일 수도 있다.
 왼쪽 어금니가 시원찮아진 것은 좀 되었지만 그냥 오른쪽 어금니를 자주 사용하는 것으로 버텨 왔다. 치과에 가보라는 아내의 권유에도 가끔 소금물로 입안을 헹구는 것으로 대신해 왔는데, 2주 전 월요일 아침에 일어나자마자 갑자기 통증이 와서 그만 주저앉고 말았다. 통증은 간헐적으로 찾아왔다. 그럼에도 불구하고 나는 술을 마셨고, 이러다 가라앉겠지 무사태평을 즐기려고 했지만 결국 주말에 동네 치과에 가보기로 했다. 10여 년 전에 치과에 갔다가 다짜고짜 신경 치료부터 하자는 말이 무서워서 그동안 치과라면 치까지 떤 것은 아니지만 멀리했던 것이다. 그때도 두세 군데에서 신경 치료 이야기를 듣다가 마지막으로 간 집 앞의 치과에서 간단한 시술을 받고 잘 지내왔다. 아니, 집 앞의 치과를 가장 나중에 갔다고? 이렇게 의아해 하는 것은 우리 아이들이었다. 평소에 나는 거리의 간판을 잘 보고 다니지 않는데 그것은 무관심이라기보다는 그 변화 속도를 나도 모르게 포기하며 살았다는 쪽에 더 가깝다.

오랜만에 간 치과는 확실히 낯설었다. 일단 엑스레이 촬영기기부터가 예전과는 확연히 달랐는데, 과연 현대 의료는 '장비빨'이라는 말을 실감했다. 의사가 자기 감각으로 한 진찰은 어금니를 톡톡 두드려 보는 것이 다였다. 나머지는 간호사의 스케일링이 전부였고. 병원이 싫은 것은 무엇보다도 엑스레이 사진 때문이기도 한데 특히 치아 사진은 너무 낯설어서 나는 눈을 부러 게슴츠레 뜨고 봤다. 의사가 설명을 하니 안 볼 수는 없었기 때문이다. 어떻게 생각해 보면 내 몸의 기본 구조물이기는 하지만 살과 핏줄과 근육이, 그것들이 결합된 것으로서의 몸이 아닌 뼈 사진은 확실히 기괴했다. 충치 이야기는 10여 년 전에도 들었고 의사의 말에서도 무게를 전혀 느낄 수 없어서 일단 안심했다. 없는 살림에 임플란트라도 하자고 하면 어쩌나 하는 걱정을 안고 치과를 찾았기 때문이다. 결국 바라던 대로 나이 때문에 찾아온 잇몸 질환이다. 이 정도는 까짓것!

생전에 김종철 선생은 병원 가는 것을 꺼려하셨다. 가끔 허리에 침을 맞기는 한 것 같았지만 당신은 병원을 한사코 저어하셨던 기억이 난다. 나는 선생의 그 말씀을 들으면서, 이 분이 이반 일리치 영향을 정말 깊이 받으신 것인가, 하는 생각을 해봤는데 그냥 내 단순한 추측일 뿐이고, 아마 생득적인 감수성 때문일 것이다. 중학생 때부터 아스팔트 신작로가 그렇게 싫으셨다니, 이런 내 짐작은 그리 많이 틀리지는 않을 것 같다. 이반 일리치는 선생이 쓴 「일리치의 혹」을 통해 처음 알았고 그 뒤로 조금 더 읽어보기는 했다. 이반 일리치는 근대 기계문명이 얼마나 반생명적인지 급진적인 문제 제기를 했고 그것이 많은 사람들을 불편하게 했다. 심지어 자신의 목에 단 혹에 대해 진료 받기를 거부할 정도였다. 결국 의사 친구들이 거의 반강제로 그 혹에 주사바늘을 찔렀는데, 나중에 그 당시의 불쾌감을 토로하기도 했다.

건강 진단을 안 받고 살았다는 김종철 선생의 이야기를 듣고 헤아려 보니, 나도 너무 오랫동안 그러고 살았다는 것을 깨달았다. 무슨 거창한 생각이 있어서가 아니라 건강 진단이라는 것은 다니던 직장에서 하라고 하면 했던 것이고, 그런 직장을 그만두자 자연스레 안 받은 것에 불과했지만 말이다. 어쨌든 감기나 좀 걸려야 병원에 가서 약 처방전을 받아오는 것 말고 나름 건강하게 살아온 셈인데, 언젠가는 내 몸도 결국 주저앉을 날이 올 거라는 사실을 부인하지는 않는다. 부인하기는커녕 어떻게 하면 담담히 받아들일 수 있을까 그것을 걱정할 따름이다. 몸을 병원에 의탁하는 일이 그렇게 유쾌한 경험이 아닌 것은, 어쩐지 몸이 해부당하는 것 같아서일 것이다.

  소염진통제와 항생제가 들어 있는 약을 사흘 동안 먹으면서, 그 사이에 술을 마시지 않았다. 나흘째 되는 날에도 급습하듯 찾아오는 심한 진통이 있었지만 점점 진통의 강도도 약해지고 빈도도 줄어드는 것을 느꼈는데 오늘 아침에 왼쪽 어금니와 위쪽 앞니가 다시 불편했다. 그래도 가방에 넣고 다니는 진통제를 먹지 않았다. 이런 것 가지고 승리감을 느낄 정도로 유치하지는 않지만, 몸에 오는 통증에 대해서 이번 기회에 생각을 정리할 필요를 느꼈다. 아프지 않은 상태에서 아픔을 상상하면서 하는 다짐이나 결심의 정체와 강도는 아픔이라는 상태에 빠져봐야 판명나기 마련이다. 그만큼 아프지 않은 상태의 생각은 기만적일 수 있기 때문이다. 하지만 또 아픈 상태에 있어 봐야 건강의 의미를 다시 새길 수 있다. 이것은 내가 마흔을 막 넘으면서 찾아온 병 때문에 입원한 병실에서 거리를 내다보며 얻은 '깨달음'이다. 그래서 반 농담으로 '아파야 철든다'고 했다가 가벼운 통박을 받기도 했다.

  어쩌면 시도 이와 비슷할 것이다. 평생을 아픔에 시달리면 아무것도 할 수 없지만, 병과 건강을 최소한 반반은 살아 봐야 하는 것인지도 모른다. 다른 말로 하면 병과 건강을 함께 살아야 할지도 모른다. 이런 말을 하면 누군가는 속 편한 소리 하고 있다고 하겠고, 누군가는 병적이다고 비난할지도 모르겠다. 하지만 아파 보지 않고 아픔을 노래할 수는 없는 노릇이고 아픔을 노래하지 않고 삶을 표현한다는 것도 있을 수 없는 노릇이다. 시는 삶 전체를 표현하는 것이라는 나의 정의에 의하면 그렇다. 아픔을 노래한다는 것은 치유이자 위로이기 전에, '함께' 아픈 상태를 사는 일이다. '함께' 아프다는 것이 상대방의 아픔을 어느 정도 덜어주는 일이 되는지는 모르지만, 예수처럼 세상 죄를 다 짊어질 각오도 용기도 깊이도 없지만 시를 쓰는 동안에는 '함께' 아프자는 감상적인 다짐이나마 하고 살자는 입장이다. 그러자면 일단 진통제 따위를 멀리하고 싶은데, 다음 치과 진료는 돌아오는 토요일이다.

이렇게 이율배반적인 것도 삶인 걸까!

시골 병실에서

어머니의 연세 따라 시골 병원에 가는 빈도수가 잦아진다. 그러려니 하는 마음 대신 어떤 마지막이 점점 다가오고 있다는 실감도 사실 든다. 다행이라면 동생 내외가 함께 살고 읍내에 단골(?) 병원이 있다는 정도. 지난봄에는 나이 지긋한 의사 선생님과 어머니의 건강 문제에 대해 이야기를 나누기도 했는데 어머니의 건강 상태나 병력을 잘 아는 의사 양반이 있다는 사실은 아무래도 안정감을 주었다. 대부분의 시골 병원이 그렇겠지만 병실에는 죄 나이 든 노인들뿐이다. 간혹 젊은 사람들도 섞여 있기는 하지만 어떤 분들은 생을 포기하신 것 같은 느낌도 준다.

텔레비전에서는 젊은 트로트 가수들의 흥겨운 노래와 중간중간 요란한 광고만 쏟아져 나온다. 이번에 관찰하게 된 재밌는 점은, 세상에 알려진 것과는 다르게 트로트 열풍이 시골의 노인들과는 큰 관계가 없는 것 같다는 점이다. 물론 내가 방문한 병실에 한한 관찰이다. 몸이 불편한 분들이다 보니 그럴 수도 있지만, 상대적으로 젊은 여성들이 있는 옆 병실에 있을 때도 그것은 마찬가지였다. 트로트 프로그램에 참여하는 시청자들의 연령대도 그렇게 나이 든 사람들이 아니었다. 그리고 또 하나 공통점은, 도시에 사는 여성들이 그 프로그램에 전화로 참여하고 있다는 점이었다. 나는 여기서 무슨 대단한 문화현상에 대해서 말하려는 게 아니다.

어릴 때 살던 마을에는 이제 '외지인'들이 이주해 와서 산다. 예전에 비하면 집들도 많이 번듯해졌고 마당에 잔디를 깔고 사는 이들도 있다. 풍경은 예전만 못하지만 강이 내려다보이는 야산의 기슭에 있는 마을이니 일종의 전원주택인지도 모르겠다. 이동 수단은 당연히 자동차여서 비좁던 마을 길도 넓어졌다. 친구들의 어머니들도 대부분 요양병원에 계시거나 돌아가신 분도 여럿이다. 대부분 평생 농사를 지어서 도시에 사는 분들에 비해 노화가 빠른 편이다.

어머니가 잠시 주무시는 틈을 타 책을 펼쳤다가 잘 읽히지 않아 창밖을 봤다. 들판이 온통 도로투성이다. 읍내에서 전주 시내로 가는 최단 거리다. 새삼스러운 현상은 아닌 것이 내가 떠난 이후로 논은 도로로 바뀌기 시작했고 비닐하우스가 빼곡하게 들어섰다. 아파트들이 들어선 것도 물론이다. 가만히 기억을 더듬어보니 중학교 1~2학년 때인가 『데미안』을 들고 참새를 쫓던 논두렁 즈음이다. 아니면 박정희가 총 맞아 죽던 날, 가을 소풍 대신 벼 타작을 거들던 논 근처던가. 그때의 눈과 지금의 눈은 너무도 달라져서 그런 것 같기도 하고 아닌 것 같기도 하다. 나는 저 길들이 생기기 전 도시로 나와 노동자가 되었지만 결국 저 길들을 따라 떠난 것과 진배없다. 누군가 떠나기 시작해서 길이 도로가 생긴 것이기도 하고 도로가 생겨서 떠나기 시작한 것도 사실이다.

오송의 궁평2지하차도에서 참사가 일어났을 때, 그 길은 논 가운데를 가로질러 만들어졌고 가까이에 큰 냇물이 있는 것도 알게 됐다. 불어난 물은 인간의 노력을 비웃듯이 제방을 넘어 논을 휩쓴 다음에 지하차도로 무자비하게 쏟아져 들어갔다. 며칠 뒤 어디를 지나다가 새삼스럽게 도로 주위를 살펴봤더니, 인간의 길은 자연을 밀어낸 것에 불과하더라. 시골에 난 도로는 그 테두리에 가드레일이라는 장벽을 설치한다. 이것은 인간의 속도를 보장하고 지켜주기 위함임과 동시에 자연과의 분리를 상징한다. 그래서 그런지 시골의 자동차 전용도로 같은 데서 인간은 속도에 대한 두려움을 상실한다. 점과 점 사이를 선으로 이은 근대문명은 인간에게 속도를 강요하고, 그 사이의 면적은 단지 부동산으로 취급되었고 땅은 사라졌다.

어릴 적, 장마철이면 강은 자주 범람해서 들판을 덮었다. 우리 마을처럼 야산 기슭이 아니라 그냥 강가에 자리 잡은 마을들은 그때마다 수해를 입었고 아이들은 학교에 오지 못했다. 가끔 허술한 집은 무너지고 다른 터에 집을 다시 짓기도 했다. 그러나,

지금처럼 느닷없는 죽음'들'은 기억나지 않는다. 즉 장마철이면 이런저런 수해는 있었지만 사람이 목숨을 잃는 일은, 그것도 여럿이 동시에 죽는 일은 일어나지 않았다. 그러고 보면 사람들이 들을 버리자 들은 위험한 공간이 되어버린 것이다. 아무래도 버리면 버림당한다는 것은 진리에 가까운 것 같다. 윤리적인 차원의 인과응보가 아니라 버리면 도움받을 기회가 사라진다는 상식을 말하는 것이다.

시골 병원의 병실에는 여성 축에도 끼지 못하는 존재들이 힘겹게 누워 있었다. 그녀들에게는 트로트도 사치처럼 보였다. 암보험 광고는 차라리 조롱처럼 들렸다.

청년 노동자여, 연대하라!

　고등학교를 졸업하고 구로공단에 있는 안테나 공장에 첫 출근을 할 때 이야기다. 그때가 1987년 봄이었으니 우리 역사에서 큰 분수령이 있던 때이기도 했다. 오후 5시가 조금 지날 무렵 공장 주임은 내게 철야를 할 수 있겠냐고 물었는데, 차마 못 하겠다고 할 수 없었다. 이제 사회 초년병에게 그것을 거절할 배짱도 없었지만 그 당시에는 그게 거의 강요에 가까웠기 때문이다. 그렇게 아침에 출근해서 다음 날 아침에 퇴근하게 되었고 나는 그 공장에서 얼마 동안 주야 맞교대를 하며 살았다. 맞교대를 피하고 싶어 다른 공장도 전전했으나 작은 장난감 공장 말고는 맞교대 아닌 데가 없었고, 그게 무슨 운명의 전조였는지 제철소에서 일할 때도 동기들과는 달리 나는 3교대 근무를 하는 부서에 배치되고 말았다. 나중에 새삼 헤아려 보니 맞교대하는 공장에서 일주일에 72시간을 일했던 것이다.

윤석열 정부가 주 최대 52시간 노동 시간을 필요에 따라 주 6일 기준 69시간까지 일을 몰아서 시킬 수 있도록 법을 바꾸겠다고 예고했다. 한동안 '주 69시간'이 마음속에서 떠나지 않자 내 기억과 몸은 예전의 시간으로 돌아가는 것 같았다. 사실 문재인 정부 때 힘겹게 만들어진 주 52시간 노동도 적은 게 아닐 정도로 대한민국은 노동 시간을 줄여야 할 시대적 책무를 이행할 생각이 없는 나라다. 사회 일각에서는 창의성을 말하지만 기업이나 정치권력은 노동자가 창의성을 발휘하는 것을 원치도 않으며 설령 그렇다고 하더라도 그것은 기업 입장에서 도움이 되는 '효율성'일 뿐이다. 창의성이 뛰어난 노동자는 통제되지도 않으며 복종하지도 않는다.

1848년 잉글랜드에서는, 아동과 18세 미만 미성년자 노동자들의 노동 시간을 10시간으로 줄이는 법안을 의회에서 통과시키자 도셋주와 서머셋주의 방적 공장 공장주들이 부모들에게 반대 청원을 넣으라고 압박한 일이 있었다. 노동을 하지 않는 그 시간만큼 나태해지기 마련이고, "나태는 모든 퇴폐의 근원"이라는 주장이었다. 이 일을 진행하기 위해서 공장주들은 부모들에게 갖은 간계와 술책을 부렸고, 심지어 협박과 서명을 위조하기도 했다. 공장주 입장에서 노동 시간을 줄이는 것을 반대한 나소 시니어라는 옥스퍼드대 경제학 교수는 이를 '최후의 한 시간'이라고 불렀다. 왜냐하면 공장의 이윤이 바로 이 '한 시간'에서 나온다고 분석했기 때문이다. 하지만 이 '한 시간'은 초과 이윤을 위한 탐욕의 시간에 지나지 않았다. 윤석열 정부에게 몰아서 일시키는 방식을 제안한 이른바 전문가들의 생각도 나소 시니어와 본질적으로 다르지 않았을 것이다.

그런데 뜻밖의 반전이 일어났다. 이른바 MZ노조라는 '새로고침노동자협의회'가 반대를 하자 대통령이 신속하게 주 60시간을 넘지 않게 하라고 가이드 라인을 제시한 것이다. 물론 정부는 원점 재검토가 아니라는 입장이지만 다시 한번 대통령의 무책임과 무능력을 확인하면서 쓴웃음을 참을 수가 없었다. 노동자의 건강과 생명이 달린 문제를 아무런 의견 청취 없이 일방통행식으로 진행하다가 자신들의 정치적 '우군'으로 여기는 이들에게서 반대 목소리가 나오자 주춤하는 모양새도 참으로 저급해 보였기 때문이다. 현 정권이 그동안 보여줬던 노동조합에 대한 노골적인 적대와 혐오 감정에 비춰 보면, 참으로 관대하고 너그러운 조치처럼 보인다. 그래서 한 번 더 웃고 말았다.

노동 시간과 노동자의 건강과 생명의 함수 관계는 상식적으로 생각하면 그렇게 어려운 문제 풀이도 아니다. 다행히 이런 문제의식이 점점 공유되고 있어서인지 노동 시간 개편의 목적이 "건강권과 휴식권을 보장하기 위함"이라는 말은 한다. 당연히 이 말은 거짓말인데, 아이러닉하게도 '거짓말이 참말이 되는 경이'(김수영)는 오늘날 너무 자주 목격된다. 거짓말을 가급적 널리 퍼뜨려 참말과의 구분을 흩트려 놓는 속임수는 이제 정치의 기초 문법이 된 것만 같다. 우리가 민주주의의 위기를 말할 때, 그것의 위험한 결과이면서 동시에 원인 중 하나는 바로 언어의 오염이다. 오염된 언어 환경에서는 우리의 이성이 일대 혼란을 일으킬 수밖에 없는데, 이럴 때일수록 사태의 맥락을 좀 더 오래 보는 습관을 길러야 한다. 이성의 분열 또한 심각한 질환을 낳기 때문이다.

나는 이른바 MZ세대의 노동자들이 지금 현실에 대한 총체적이고도 깊은 문제의식을 공유하면서 활발한 토론과 행동을 해줬으면 하는 바람이다. 이는 아직도 장시간 노동을 없애지 못한 기성세대의 책임 떠넘기가 아니다. 도리어 깊은 통감에서 나온 말이며, 기성세대가 해내지 못한 일을 해냄으로써 기성세대를 넘어서는 보람과 긍지를 느낄 수 있다고 생각한다.

감히 말하건대 대한민국의 청년 노동자여, 연대하라. 잃을 것은 장시간 노동뿐이고 얻을 것은 푸르른 사랑과 우정일 것이다!

김종철 공부

제4부

생명의 문화와 민주주의

1

 『녹색평론』 창간호에 실린 김종철의 창간사 제목은 '생명의 문화를 위하여'이다. "우리에게 희망이 있는가?"로 시작되는 이 글은, 향후 전개될 그의 정신적, 지적 투쟁의 여러 갈래를 품고 있다. 김종철의 사상을 일목요연하게 정리하는 것은 쉽지 않은 작업이다. 그가 가졌던 것은 추상적인 논리나 이론이라기보다는 현실의 근본적인 변화를 향한 윤리적 열정과 시적인 직관, 그리고 대안적 세계에 대한 뜨거운 영감이기 때문이다. 또한 자신의 정신적, 지적 투쟁에 체계를 부여하지도 않았다. 직면한 현실 문제가 발생하게 된 역사적 과정을 정직하게 주시하면서 근본적인(radical) 변화를 위한 비판과 상상력을 구체적 상황에 맞게 개진해왔기 때문이다. 때로는 우리 사회의 '일반 상식'과 충돌하기도 했지만, 김종철이 우려하고 예견했던 사태는 시간이 지날수록 분명해졌고, 그러면서 그의 생각에 동의하는 사람들도 하나 둘 늘어 갔다. 김종철의 예견은 틀렸어야 했지만 "우리에게 희망은 있는가?"로 시작된 그의 질문은 2년도 채 안 돼 다음과 같은 비감으로 나타난다.

> 이 아름다운, 그러나 지금 무섭게 망가지고 있는 산천에 살고 있는 모든 목숨붙이들이 고통스럽게 토해내는 신음소리가 너무나 큰 소리로 들리기 때문에 우리가 잠을 이루지 못하는 날, 그때서야 비로소 우리에게 조그마한 가능성이 열릴 것인가?(「世界는 하나의 꽃」, 제9호 1993년 3-4월)

김종철 사상을 이해하려면 그가 쓴 글과 발언만으로도 가능하지만 『녹색평론』의 30년 전체를 추가로 살펴봐야 한다. 『녹색평론』은 김종철 사상이 담금질되고 전개된 결과물이며 글과 발언은 그 자신의 말대로 '시민을 향한' 발언이었다. 따라서 김종철이 펴낸 책들을 통해서 그의 사상을 가늠해보는 방법이 일차적인데, 문제의식의 방대함 때문인지 아니면 깊이와 급진성 때문인지 그 실마리를 잡는 것에서부터 우리는 난관에 부딪치게 된다. 하지만 김종철이 『녹색평론』 창간 때부터 초지일관 고민해온 핵심 주제가 무엇인지 찾아보면 그 시작은 가능할 것이다. 나는 그것이 '생명의 문화와 민주주의'라고 생각한다. 일단 「생명의 문화를 위하여」를 보면, 생명을 파괴하는 "서구적 산업문명"에 대한 비판에서 시작해 농업 중심의 "협동적인 공동체"를 만들자는 결론으로 끝난다. 여기서 김종철이 말하는 "협동적인 공동체"는 최소한의 물질적 토대가 갖춰진 조건 속에서 민중이 스스로를 통치하는 민주주의와 같은 의미를 가진다. 향후 '생명의 문화와 민주주의'는 변화하는 현실에 적극적으로 응전하면서 여러 모습으로 나타나는데 그렇다고 해서 '생명의 문화와 민주주의'라는 큰 틀을 벗어난 것은 아니었다.

이런 과정에서 김종철의 상상력과 급진성은 자주 오해를 받기도 했다. 여기에는 『녹색평론』을 단순한 환경 잡지로 인식하는 사회적 관성과 그가 강조한 '소농 공동체'를 과거회귀적으로 받아들인 것 등이 포함된다. 이는 이른바 진보 세력에게서도 동일하게 나타난 현상이다. 그러나 김종철의 급진적인 상상력이 현실에서 정말 가능한가 하는 문제로만 접근하는 것은 적절치 않을뿐더러 심지어 김종철이 말하는 바의 핵심을 놓치게 된다. 세간의 오해와 곡해는 아무래도 김종철이 '시의 마음'으로 역사적 진보 사관을 비판하는 데서 기인하기도 하지만, 반대로는 이른바 진보 세력이 '시의 마음'을 잃었기 때문인지도 모른다. 확실히 그는 '시의 마음'으로 세계와 사물을 대했다. 다음과 같은 진술에서 그것은 확연히 드러난다. 즉 '시의 마음'을 "시 작품을 읽거나 쓰거나 하는 일과 관계없이" "인간 누구나가 소유하고 있는 근원적 심성"(「시의 마음과 생명 공동체」, 『시적 인간과 생태적 인간』,

삼인)인 것이며, '시의 마음', "근원적 심성"은 생명에 대한 살아 있는 감각과 감수성에 다름 아니다.

사실 생명이 무엇인지 정의 내리기는 쉽지 않다. 물론 과학적 정의는 가능하지만 그것은 어디까지나 잠정적 진술에 지나지 않는다. 진리에 대한 과학적/잠정적 진술이 불변의 척도 자리를 차지하는 현상을 김종철은 생명에 대한 불경(不敬) 혹은 공리주의적인 발상이라고 강하게 비판했다. 영국의 문학비평가 F. R. 리비스에 대한 에세이—어쩔 수 없이 비평가 김종철의 감정이입이 일부 느껴지는 글—에서 "리비스의 비평에서 '삶(life)'은 가장 핵심적인 개념"인데 "리비스 자신은 이 개념을 더 명확히 정의하기를 거부"했다고 전한다. 그러면서 "삶이니 생명이니 하는 개념을 논리적으로 설명하지 않으면 만족하지 못하는 정신 상태야말로 기계·기술주의 사고가 갖는 특성의 하나일 수도 있다"고 자신의 견해를 분명히 밝히고 있다.(「리비스 비평과 공동체 이념」, 『大地의 상상력』, 녹색평론사)

따라서 중요한 것은 생명에 대한 살아 있는 감각이 된다. '생명에 대한 살아 있는 감각'은 개인이 느낄 수 있는 내적 감각(기쁨, 놀람, 고통, 연민 등등)을 말하는 것이기도 하지만, 김종철에게 무엇보다 중요한 것은, 그 내적 감각을 기반으로 다른 생명체를 구체적으로 느끼는 일이다. 그랬을 때만 "감수성의 대전환"(「시의 마음과 생명 공동체」)이 일어나며 이 "감수성의 대전환"이야말로 김종철의 절박한 실천적 요청이다. 동시에 본래 "인간은 좁고, 미약하고, 일시적인 자기의 개인적인 삶의 테두리를 늘 보다 큰 지평 속에 관계시킴으로써 영속적인 거대한 우주적 생명활동에 스스로를 참여시킬 수 있"는(「생명의 문화를 위하여」, 『비판적 상상력을 위하여』 증보판, 녹색평론사) 존재임을 표현하는 언어이기도 하다. 다시 이것을 "초월에 대한 욕망"(같은 글)이라고 그는 부르며, 이 입장은 향후 30년 동안 김종철의 내면에서 타오르는 성화가 된다.

  이러한 철학이 없었다면 내적 일관성과 실천의 확장성을 동시에 진행시킨 김종철의 정신적, 지적 투쟁에 어떤 균열이나 흔들림이 있었을 것이다. 세부적 논리에서는 설핏 성급함―특히 신자유주의 경제의 파국이 급박했다는 진단이나 마르크스에 대한 입장에서―으로 들리는 것도 전체의 틀에서 보면 그렇지도 않다. 왜냐면, 그 성급함조차 김종철의 절박한 현실 인식에서 파생된 것이며, 또 세간의 짧은 시간 의식을 기준 삼아 자본주의 산업문명 자체에 대한 김종철의 근원적인 인식을 재단하는 것은 부당하기 때문이다. 중요한 것은 역사와 현실에 대한 논리 자체가 아니라 현실을 사심 없이 바라보는 진실의 눈이며, 그래야만 현실을 근원적으로 바꿀 수 있다는 점이다. 그리고 그것을 김종철은 시종일관 보여주었다.

2

 그렇다면 김종철이 갖고 있었던 현실에 대한 근원적인 문제의식은 무엇일까. 이는 김종철이 『녹색평론』을 시작하게 된 계기이기도 하면서 이후 그의 평생의 화두이기도 한데, 창간사인 「생명의 문화를 위하여」에서 말한 "정치나 경제의 위기일 뿐만 아니라 무엇보다도 문화적 위기, 즉 도덕 철학적 위기"인 "묵시록적인 상황"에 대한 지속적인 문제 제기를 단순한 동어반복으로 이해하면 안 된다. 불행하게도 현실은 그가 우려했던 대로 곤두박질쳤기에 반복적 절규가 필요했던 것이다. 하지만 그 반복은 곤두박질치는 현실에 창조적으로 맞서는 반복이었다. 즉 『녹색평론』을 통해 또는 자신의 글이나 발언을 통해 시대에 맞서는 구체적인 의제들을 내놓았던 것이다. 일례로 탈핵이라든가, 기본소득이라든가, 추첨민주제 같은 것들이 여기에 포함된다. '생명의 문화와 민주주의'라는 언어만 동일하게 되풀이한 게 아니고, 그런 세상을 향한 구체적인 경로를 제시했던 것이다. 이를 통해서 우리 사회에 급진적인 생태 정치사상이 안착하게 되었다.

 사실, 최근 우리 사회에 대두하기 시작한 탈성장론이나 기후위기에 대한 담론에 앞서 김종철의 독보적인 혜안이 먼저 있었으며, 최근 번역된 어느 외국 서적을 읽어보아도 그 깊이는 김종철이 앞선다고 말할 수 있다. 당연히 김종철에게 영향을 끼친 선행 연구자들, 역사가들, 이론가들, 작가들 같은 스승 혹은 도반이 있었다. 이에 대해서는 그 자신이 스스로 밝히기도 했고, 번역한 책들을 일별해 봐도 누구나 짐작할 수 있다. 다행히 자신이 『녹색평론』에 직접 번역해 소개한 글과 녹색평론사에서 출간한 단행본들이 있어서 향후 김종철 연구가 본격적으로 진행된다면 꽤 유의미한 결과를 얻을 수 있을 것으로 기대된다.

   어쨌든 위와 같은 문제의식은 세상을 떠나기 전까지 뒤로 물러서는 법이 없었다. 고인이 되기 전에 마지막으로 펴낸 책의 서문을 옮겨 봐도 그것은 명확히 드러난다.

> 말할 것도 없이, 산업혁명 이후 지금까지 인류사회는 그 이전에는 상상도 할 수 없을 만큼의 엄청난 물질적 풍요와 생활의 편의를 증대시켜왔다. 물론 그러한 풍요와 편의로 인한 혜택을 실제로 누릴 수 있는 인구는 언제나 매우 제한적이었고, 아직도 세계에는 최소한의 연명조차 어려운 사람들이 부지기수인 것도 사실이다. 그러나 어쨌든 역사상 유례없이 인간사회가 이토록 엄청난 생산성을 기록했다는 것은 놀라운 성과라면 성과라고 할 수 있다. 하지만 다른 한편으로 생각하면, 산업혁명 이후 지금까지의 시간은 아마도 인류 역사상 가장 어리석고, 자기파멸적인 시간이었다고 할 수 있다. 왜냐하면 지난 2~3세기 동안 이른바 문명세계가 산업문명을 통해서 이룩했다고 하는 높은 생활수준은 실은 인간사회가 자신의 보금자리를 끊임없이 찢고 할퀴는 난폭한 짓을 되풀이함으로써 얻어

진 부산물에 지나지 않은 것이었기 때문이다.(『근대문명에서 생태문명으로』 '책머리에', 녹색평론사)

여기에서 말한 "엄청난 생산성을 기록"한 "산업문명"과 「생명의 문화를 위하여」에서 말한 "전대미문의 생태학적 재난"을 야기한 "서구적 산업문명"은 같은 것이다. 이게 놀랍게도 김종철이 (『녹색평론』 창간을 기준으로) 30년 동안 여일하게 보여준 모습이다. 새로운 것에 대한 강박증에 걸린 이들에게는 이것이 지루함을 줄지도 모르겠지만, 파국의 길을 포기하지 않고 도리어 공고히 해온 현실과 싸우면서 김종철이 30년 동안 생산한 언어들을 살펴보면, 작가들에게 호소했던 다음과 같은 말은, 어쩌면 자기 자신을 향한 것이었는지도 모른다. "근대의 논리를 넘어가는 진정으로 새로운 문학을 꿈꾸는 시인, 작가라면 결국 이러한 진화생물로서의 인간의 위상, 즉 만물이 근원적으로 연결되어 있다는 샤먼적 감각이 살아 있어야 할 것입니다."(「대지로 회귀하는 문학—미나마타의 작가 이시무레 미치코」, 『大地의 상상력』, 녹색평론사)

생명에 대한 살아 있는 감각은 결국 "만물이 근원적으로 연결되어 있다는 샤먼적 감각"과 다를 바가 없는데, 김종철이 보기에 "서구적 산업문명"은 자연과 공동체를 파괴함으로써 자연과 인간, 인간과 인간 사이의 관계를 비틀어 놓았고, 결국 보다 큰 존재와 연결되어 있다는 생명에 대한 살아 있는 감각을 우리에게서 빼앗아 가고 말았다. 인간은 본시 "도덕적 존재이고, 심미적 존재이며, 종교적 존재"인데 말이다.(「시골학교의 폐쇄가 뜻하는 것」, 『비판적 상상력을 위하여』, 녹색평론사) 이 "서구적 산업문명"은 정치적으로는 강력한 중앙집중적인 국민국가를 만들었고, 경제적으로는 자본주의 생산양식을 나날이 굳건히 했다. 그리고 이것이 우리의 역사에 외세의 침탈 형태로 들이오게 되었다. 우리 사회에 대한 김종철의 정치, 경제, 사회, 문화 비판을 제대로 이해하려면 이러한 총체적인 관점을 먼저 구비해야 한다. 아무튼 김종철의 사상은 '생명의 문화와 민주주의'라는 틀 안에서 그 넓이와 깊이가 진화했다고 말할 수 있으며 민주주의에 대한 문제에서 생명의 문제로 되짚어 가도 결론은 동일하게 나온다.

민주주의 문제에 대해서도 숱한 발언과 문건이 있지만 여기서 검토해 볼 것은 「민주주의, 성장논리, 農的 순환사회」(『땅의 옹호』, 녹색평론사)이다. 이 글에서 김종철은 "이른바 '민주화 이후' 시대라는 지난 20년 동안 우리가 민주주의에 대해 지나치게 낙관적인 태도로 살아온 게 아닌가" 하는 점검으로 시작한다. 그 일례로 "자신의 정치적 지지기반을 심각하게 훼손하면서까지 한미FTA를 밀어붙인 노무현 정권의 경우"를 드는데, 여기에서는 김종철 고유의 민주주의에 대한 입장을 감안해야 그가 비판한 "이른바 '민주화 이후'"가 무엇인지 드러난다. 김종철이 보기에 "'민주화'는 성취했으니까 다음 과제는 '선진화'라고 생각하고 있었"던 게 (2008년을 기준으로 한) "지난 20년"이었다. 이어서 다음과 같은 비판이 이어진다. "지금에 와서 우리가 새삼 민주주의의 위기 운운하는 것도 실은 우스운 노릇인지 모른다. 지난 20년 동안 '민주화 이후' 시대 전체에 걸쳐서 민주주의가 한번도 제대로 실현된 바가 있는지 의심스럽기 때문이다." 그래서 노무현에서 이명박으로의 정권 교체도 "권력 엘리트들의 이름이 바뀌었을 뿐"인 것이 된다.

> 민주주의란, 간단히 말하여, 민중이 자신의 삶을 스스로 다스린다는 것을 의미한다. 그러므로 참다운 민주주의의 성립에 무엇보다도 필요한 것은 민중이 주체적인 삶을 영위할 수 있는 자립과 자치의 조건이다. 요컨대 노예의 삶을 강제당하지 않기 위한 근본적인 조건을 갖추어야 한다는 것이다. 이런 각도에서 볼 때, 사람들이 흔히 믿고 있는 것과는 달리, 경제성장은 민주주의의 발전에 조금도 도움이 되지 않는다고 할 수 있다. 경제성장은 자본주의적 사회관계의 심화, 확대를 의미하는 것이며, 따라서 그것은 갈수록 민중의 자치, 자립의 역량을 근원적으로 훼손하고, 불평등한 사회적 관계를 끝없이 확대재생산한다.(「민주주의, 성장논리, 農的 순환사회」, 『땅의 옹호』, 녹색평론사)

따라서 하루빨리 이 "어리석은 망념(妄念)"에서 벗어나 "자연적 과정에 순응하는 순환적인 생활패턴으로 전환시키려는 노력"이 필요한 것이다. 그리고 "순환적인 생활패턴"의 구체적 형태인 "'합리적' 농업"이야말로 삶을 "지속적으로 강구할 수 있게 하는 거의 유일한 생존방식이다. 뿐만 아니라, 그 '합리적인 농업'에 필요한 소규모 생산자 연합체, 즉 농민공동체는 인간과 인간 사이의 민주적이고 호혜적인 관계를 보장해주는 근본적인 틀을 제공"한다.(이상,「민주주의, 성장논리, 農的 순환사회」)

3

사회적 불평등을 전제로 하는 경제성장은 다시 사회적 불평등을 심화시키는 결과를 가져오고 그 사회적 불평등은 민주주의를 훼손하는 악무한의 회전축이 된다. 민주주의는 국가와 자본에 집중된 권력에서 벗어나 민중의 자기통치가 이루어진 것이기에 호혜적인 관계가 살아 있는/살아 있게 하는 농촌공동체로 나아가는 것은 김종철이 말하는 '좋은 삶'을 향한 현실적인 경로가 된다. 생태적인 문명과 민중이 주인 되는 민주주의와 '고르게 가난한 사회'와 농촌공동체는 김종철이 희망하는 세상을 표현하는 각각의 양태들이며 이것들의 뿌리는 결국 '생명의 문화와 민주주의'이다. 이는 앞에서도 말했지만, 시대에 따라 강조되는 주제가 조금씩 다르거나 또는 성숙의 정도에 약간의 차이는 있을지언정 별다른 일탈은 없었다.

그런데 김종철이 상상했던 세계에 대해서 생태적인 문명이나 민주주의에 대한 입장은 관념적으로나마 이해하는 사람들이 있으나 '고르게 가난한 사회'나 농촌공동체로 나아가는 것에 대해서는 심리적인 거부나 몽상으로 치부하는 경향이 있는 게 사실이다. 이것은 경제성장 이데올로기에서 벗어나야 한다는 김종철의 역설이 아직도 허공에서 맴돌고 있다는 얘기도 된다. 하지만, 가령 노무현 정부에 의해서 강행됐던 한미FTA에 대한 강도 높은 비판을 통해 김종철이 예견했던 사회적 현상은 오늘날 거의 틀림없는 현실이 되었다.

'고르게 가난한 사회'에 대해서도 여러 오해가 난무하고 있는데, 문제는 그 오해가 경제성장에 대한 상투적인 인식에 기인한다는 점이다. '고르게 가난한 사회'에 대해서 길게 말할 역량이 내게는 없지만, 어쨌든 '고르게 가난한 사회'는 다들 빈곤에 허덕이자는 게 아니라 각자가 삶에 필요한 작은 생산수단을 소유하되 부족한 것은 서로 나누고 돕는 호혜적인 공동체를 가리킨다. 이래야만 낭비적인 재화를 생산하지 않는 순환적인 사회가 가능해진다.

사실 지금까지 그랬듯, 임금노동의 증가는 결국 자본주의의 심화, 확장과 큰 차이 없는 의미를 지니고, 자본주의의 심화, 확장은 또 상품의 대량생산을 가리킨다. 다시 상품의 대량생산은 자원의 고갈을 일으키는데, 그 자원은 대부분 가난한 나라와 지역과 계층의 수탈을 통해 확보된다. 이게 근대 자본주의 산업문명의 역사 자체이며 동시에 현재의 현실이기도 하다. 이래서는 기후위기의 가속화도 필연적이다.

김종철에게는 이런 고리를 끊는 좋은 세상이 곧 '고르게 가난한 사회'였다. 역사적으로 봐도 현실 사회주의가 인간의 존엄과 삶의 호혜적 연대를 꾀하기보다는 노동력에 대한 경제적 대가, 즉 인간의 노동을 공리주의적이고 경제효율적 관점에서 대상화 측면이 있기 때문에 자본주의와 같은 뿌리인 근대라는 '어두운 문명'에서 태어났다는 평가를 받았던 것이다. 따라서 현실 사회주의는 자본주의의 극복이 될 수 없었다. 여기서 확실히 해둬야 할 것은 '가난'은 '낭비적인 부'의 상대 개념이면서 동시에 물질에 생존이 휘둘리지 않는 상태를 말함이지 자본주의가 강제하는 경제적 빈곤이 아니다. 이반 일리치에 의하면, 서양에서는 "12세기 후반에 이르기까지 가난이라는 용어는 주로 덧없는 사물에 대해 거리를 두는 태도를 의미했다"고 한다. 다시 말하면 "가난이 경제적 조건을 의미하기보다 가치 있는 태도를 주로 의미"했다는 것이다.

김종철에게 사회적 해악의 근원은 자원을 고갈시키고, 근대적 빈곤을 양산하고, 과학기술을 통해 인간의 존엄을 훼손하고, 공동체를 파괴해서 민주주의를 약화시키는 성장경제였고 그것이 가난을 '절대악'으로 만들어버렸다. 가난을 미워하게 하면서 경제적 빈곤을 양산하는 아이러니가 자본주의 성장경제의 사회문화적 측면이었던 것이다. 따라서 우리의 새로운 길은 "우리의 생존의 바탕인 자연의 한계를 인식"하고 "자연세계와의 조화를 벗어"나지 않는 '고르게 가난한 사회'(「'고르게 가난한 사회'를 향하여」)

여야 한다. 하지만 '고르게 가난한 사회'의 구성원이 될 민중을 어떻게 되살려내야 하는가, 하는 것은 지난한 문제다.

여기까지 말하고 나면 김종철의 질문은 우리를 현실 문제에서 철학의 문제로 인도한다. 프랑스 철학자 질 들뢰즈는 어느 글에서 철학의 역할은 '새로운 민중'을 창조하는 것이라고 말한 적이 있는데, '민중'이란 말에 내포된 뜻이 얼마나 같은지는 모르겠지만, 김종철은 다음과 같이 말한 적이 있다. "그런데 민중이란 어디에 있는가. 많은 경우 민중이란 바로 나 자신 속에 있음을 보지 않으려고 하는 데 우리의 근본 착오가 거듭되는지도 모른다."(「'지속 가능한 개발' 논리의 허구」, 『비판적 상상력을 위하여』)

'고르게 가난한 사회'와 시인의 큰 마음

— 김종철의 『땅의 옹호』(녹색평론사)

물질적 평등과 기후위기

경제성장에 대한 부정적 관점은 김종철의 일관된 입장이었다. 간략하게 말한다면, 경제성장과 민주주의는 양립할 수 없다는 것인데 어디까지나 우연이겠지만 나오미 클라인의 『자본주의는 어떻게 재난을 먹고 괴물이 되는가』(모비딕북스, 2021)는 1973년 칠레 쿠데타를 기점으로 해서 지금까지 세계를 휩쓸고 있는 신자유주의적 경제성장이 민주주의가 아니라 군사쿠데타나 독재정권과 손을 잡고 진행되었음을 자세히 보고하고 있다. 설령 민주주의의 탈을 쓰고 있다 하더라도 그것은 어디까지나 금권 과두정이라는 게 나오미 클라인의 역사적 사실에 입각한 보고의 내용이다.

조금씩 회자되고 있는 탈성장 담론도 이미 김종철에 의해 오래전부터 말해지고 있었던바 최근의 주목할 만한 번역서들은 도리어 김종철의 래디칼한 입장에 비하면 미진하게 보인다. 탈성장 담론이 이나마 소개된 것도 '기후위기'라는 구체적 사태 때문에 가능했다. 외국의 탈성장 담론의 주된 논점은 사회경제체제의 전환에 집중되어 있는데 간헐적으로 생태적 삶으로의 전환을 말하기는 한다. 물론 김종철의 탈성장론도 근대 자본주의가 야기한 생태계 파괴에 대한 문제의식에서 시작되었지만, 서구 지식인들의 탈성장론이 바라보지 못한 지점, 경제성장이 우리의 영혼과 정신을 비참하게 한다는 데에까지 닿아 있다는 점에서 서구의 사회과학적 탈성장론과 구별된다고 하겠다.

그래서 서슴없이 '가난'의 문제까지 나아가며 우리에게 가난의 의미를 다시 묻기를 요청한다. 그런데 이른바 '보릿고개'의 경험이 내면화된 남한 근대사의 사정이라든가 나날이 빈부격차가 심해지는 현실 때문인지 김종철의 이 '가난의 사상'은 아직도 의미 있게 논의되거나 주목을 받지 못하고 있다. 이는 우리 안에 가난에 대한 공포가 너무도 깊고 넓게 드리워져 있기 때문일 것이다. 현실에서 가난은 경제적 빈곤을 넘어 삶의 존엄과 긍지를 훼손시키는 괴물에 가까운 것이며, 우리의 무의식을 검게 물들이기도 한다. 하지만 현재와는 전혀 다른 질적인 변화, 혹은 대전환이 우리의 무의식까지 바꾸는 일이라면 이것은 우리가 정면으로 마주할 수밖에 없는 심원한 문제다.

따라서 김종철이 말하는 '가난의 사상'을 습관화된 전제 없이 역사적, 사회적 맥락을 따라 살펴보면 큰 폭발력이 잠재되어 있음을 알게 된다. 경제적 빈곤 상태에 허덕이는 사람들이 '가난의 사상'을 적대적으로 대하거나 또는 조롱하는 것은 이해할 수 있는 일이지만, 이른바 자본주의 체제 바깥을 꿈꾸는 이들이 그것을 거부하는 것은 어쩌면 그들 자신도 가난이 두렵기 때문일 것이다. 자본주의 체제 바깥이라는 것이 단지 물질적 평등과 제도적 민주주의에 그치는 것이라면, 엄청난 생산력주의 즉 산업문명 자체가 야기한 생태계의 파괴는 어찌해야 하는 것일까? 쉽게 말해 좋건 싫건 현재 도달한 경제 규모를 유지하면서 물질적 평등을 누린다면 미증유의 기후위기 문제는 어떻게 되는 것일까? 과연 자본주의 극복만으로 기후위기 문제는 온전히 해결되는 것일까? 부의 집중을 타개하면 우리는 '좋은' 세상을 다음 세대에게 물려줄 수 있는 것일까? 과문이 그 이유겠지만, 나는 이런 질문을 아직 들어본 적이 없다.

엄밀히 말하면 '고르게 가난한 사회'는 김종철의 것이 아니라 1970년대에 레바논 사회주의 진보당을 이끌었던 카말 줌블라트의 것이다. 카말 줌블라트는 서방 언론과의 인터뷰에서 자신의 대안은 인간적인 사회주의 사회인데, 그것이 바로 '고르게 가난한 사회'라고 했다.(김종철, 「'고르게 가난한 사회'를 향하여」, 『비판적 상상력을 위하여』) 카말 줌블라트의 언어가 김종철이 일관되게 주장했던 입장을 집약시켜주는 역할을 했던 것이지 김종철이 카말 줌블라트의 사상을 '직수입'한 것은 아니다. 이는 김종철의 언어

배면에 웅크리고 있는 것을 확인해보면 금세 드러나게 되어 있으며, 나는 이 글에서 그 몇 가지 경우를 제시해 보겠다.

그렇다면 김종철이 말한 '가난의 사상'은 대체 무엇인가. 김종철은 '가난의 사상'에 대해서 이론적인 또는 논리적인 뼈대를 본격적으로 세운 적은 없다. 그러나 조금만 유심히 김종철이 남긴 글을 살펴보면 그것은 언제나 현실에 대한 구체적인 비판 속에서 실천적으로 제기되었음을 알 수 있다. 먼저 경제성장으로 인한 풍요가 어떤 사태를 일으키는지 다음과 같은 원론적인 비판을 상기할 필요가 있다.

> 실제로, 따져보면, 오늘날 우리가 선진국이라고 부르는 사회는 자연과 사회적 약자에 대한 수탈에 근거한 테크놀로지와 시스템에 의하여 유지, 관리되는 사회이다. 따라서 그 사회의 풍요와 안락은 진실로 인간다운 자유와 행복에 기여하는 것이라고 할 수는 없다. 무엇보다도 그러한 풍요와 안락의 삶은 인간간의 유대를 상실하고, '대지(大地)와의 접촉'이 단절된 깊이 소외된 삶이다.
> ―「'공생공락의 가난'을 위하여」

너무도 낯익어 보이는 "인간다운 자유와 행복", "인간간의 유대", "'대지(大地)와의 접촉'이 단절된" 같은 언어들은 경제성장이 우리의 삶과 자연에 그동안 어떤 결과를 가져다 주었는지에 대한 김종철의 근본적인 비판에서 나온 것이다. 그러니까 경제성장을 통한 물질적 풍요는 사회의 경제적 부를 절대적으로는 향상시킬 수는 있지만, 그로 인해 인간의 고유한 자유와 행복, 이웃과의 유대, 그리고 대지(大地)와의 연결이 파괴된다는 것이다. 이 글이 써진 당시의 '선진국 담론'과 『땅의 옹호』 전체에서 가장 철저히 비판받는 한미FTA, 그리고 경제성장과 문학('시인의 큰 마음')의 관계를 맥락적으로 살필 수 있다면 우리는 여기에서 '고르게 가난한 사회'를 사유할 수 있는 단초를 얻을 수 있다.

경제성장이란 무엇인가

「한미FTA, 경제성장, 민주주의」는 지금도 문제적인 문건이다. 김종철은 「한미FTA, '국익'이라는 환상」을 같은 해인 2007년에 썼고, 2008년에는 백낙청의 '이중과제론'에 대한 비판인 「민주주의, 성장논리, 農的 순환사회」와 2006년 프레시안 창립 5주년 기념 대회 발제문 「한미FTA, 성장주의 패러다임의 극복은 불가능한가」라는 글을 『땅의 옹호』에 실었는데, 이것을 시간 순서로 나열해 보자면 「한미FTA, 성장주의 패러다임의 극복은 불가능한가」(2006), 「한미FTA, 경제성장, 민주주의」·「한미FTA, '국익'이라는 환상」(2007), 「민주주의, 성장논리, 農的 순환사회」(2008)이 된다.

제목에서 공통적으로 발견되는 어휘만 봐도 노무현 정부 당시 한미FTA가 경제성장에 도움이 된다는 정부 측의 논리에 반해 한미FTA는 민주주의 자체를 파괴한다고 깊이 인식하고 있었음을 분명히 드러낸다. 이 중에서 「민주주의, 성장논리, 農的 순환사회」는 백낙청의 '이중과제론'에 대한 비판으로 알려지기는 했지만 사실 백낙청에 대한 비판은 전체 글의 일부에 지나지 않는다. 무엇보다 인상적인 것은, 정권이 이명박에게로 넘어간 시점인 2008년 당시 김종철 스스로 "이른바 '민주화 이후' 시대라는 지난 20년 동안 우리가 민주주의에 대해 지나치게 낙관적인 태도로 살아온 게 아닌가 하는" 성찰을 선행하고 있다는 점이다. 민주주의는 완성되는 것이 아님에도 불구하고 노무현 정권의 탄생으로 '이만하면 됐다'는 태만이 있었음을 돌아보고 있는 것이다.

따라서 이 글에서는 2007년에 쓴 한미FTA에 대한 직접적인 비판보다는 어떻게 민주정부라는 노무현 정부가 한미FTA를 그렇게 반민주적으로 그리고 반민중적으로 밀어붙였는지 그 원인을 향하고 있으며, 동시에 노무현, 이명박 정권 시기에 우리 사회에 공히 걸쳐져 있던(지금은 더욱 공고해진!), "소위 '압축적 근대화'로 인해서 온갖 모순들이 집중화된" 우리 사회의 심부를 해부하고 있다. 여기에서도 다시 '가난'의 문제가 나타난다. 다음은 조금 긴 인용인데, 이 부분의 바로 앞은 "자본주의적 사회관계의 심화, 확대를 의미하는" "경제성장"이 "갈수록 민중의 자치, 자립의 역량을 근원적으로 훼손하고, 불평등한 사회적 관계를 끝없이 확대재생산"한다는 날카로운 비판이 있다. 그리고 "불평등한 사회적 관계"의 결과가 바로 경제적 빈곤이며 이에 대한 반론이다.

> 물론, 빈곤이 문제가 아니라는 것이 아니다. 중요한 것은 오늘날 사람들이 흔히 말하는 '빈곤'이 무엇을 뜻하는 것인가를 좀 더 세밀히 들여다볼 필요가 있다는 것이다. 확실히 지금도 절대적인 빈곤 문제가 없는 것이 아니고, 절대적인 빈곤은 시급히 해소되어야 할 문제라는 것은 두말할 필요가 없다. 뿐만 아니라, 지금 갈수록 안정적인 일자리를 확보하기가 어려워져 가는 상황에서 저소득층의 생계가 근본에서부터 흔들리고 있다는 외면할 수 없는 문제이다. 그러나 우리는 이러한 문제를 포함해서, 오늘날 많은 '가난한' 사람들이 느끼는 가난은 생활에 필요한 물자나 서비스의 절대적인 결핍 그 자체로 인한 궁핍감이라기보다는 '생활의 질(質)'의 열악함에서 오는 고통을 뜻할 가능성이 크다는 것에 주의할 필요가 있다. 설혹 물자나 서비스가 부족하다 하더라도 그 결핍이 재앙이 되는 것을 막아주는 호혜적 인간관계의 그물이 있다면, 그러한 결핍은 도리어 축복이 될 수 있다. 적어도 서구적 근대 자본주의 문명의 침략과 지배를 받기 이전의 거의 모든 토착사회에서의 비근대적 삶은 이러한 호혜적 공동성(共同性)에 기초해 있었다.
> ─「민주주의, 성장논리, 農的 순환사회」

결론적으로 김종철의 '가난의 사상'은 호혜와 유대의 사상에 다름 아니다. 김종철은 사람과 사람 간의, 그리고 사람과 자연 간의 유대 관계를 경제성장이 파괴한다고 봤던 것이며 경제성장이라 함은 자본주의적 관계의 심화, 확대이고 그것의 심화와 확대는 자연의 파괴를 통한 생산시설의 확충과 공동체의 파괴를 통한 노동력의 조달을 필연적으로 요구하기 때문에 결국 경제성장은 민주주의의 기초 토대를 훼손하면서 호혜와 유대를 상품이나 (복지)제도로 흡수해버린 것이 그동안의 역사였다고 말한다. 이런 논의는 김종철의 전체 글에 일관되게 견지되고 있으며, 줄곧 주창한 '가난의 사상', 즉 '고르게 가난한 사회'는 자연과 인간의 파괴로 구축된 경제성장 체제에 대한 강력한 대안이 된다. 따라서 기후위기를 해결하기 위한 탈성장론은 어떤 면에서 보면 하나의 기능적인 해법일 수도 있지만 김종철의 '고르게 가난한 사회'는 구체적인 인간의 삶과 그 토대를 경제성장의 그늘에서 벗어나게 하자는 보다 급진적인 사상이라고 할 수 있다. 왜냐면, 그것은 인간을 인간/자연(대지)와의 관계에서 존재론적으로 규명하는 철학적 접근이기 때문이다.

시인의 큰 마음

「시인의 큰 마음」과 「21세기 한국문학과 지성의 현주소」는 문학적 입장에서 '가난의 사상'에 접근할 수 있는 통로다. (개인적으로는 가장 근원적인 통로하고 부르고 싶다.) 앞의 글은 1999년 제2회 요산문학제 때 발표한 강연 원고에 질문에 대한 답을 묶은 것이고 후자는 『실천문학』 2007년 여름호에 문학평론가 서영인과의 대담이다. 8년이라는 시차가 가리키고 있는 것처럼, 그리고 김종철의 다른 글들에서처럼 1990년대의 생각들은 다소 추상적이지만 철학적 깊이가 느껴지고, 2000년대 이후 글들은 보다 구체적이고 실천적인 무게가 더해진다. 그렇다고 이것을 '철학에서 실천으로'라고 도식화할 필요는 없다. 2000년대 이후의 글이 그간의 철학적 깊이를 바탕으로 해서 써졌기 때문이다. 여기서는 '경제성장과 가난'이라는 문제와 문학이 어떤 관계에 놓이는지를 잠시 살펴보도록 하겠다.

이 글에서는 다시 한 번, 이청준, 유종호, 김윤식을 실명 비판하면서 "그런데 뭐가 잘 살게 되었고, 국민소득이 무슨 의미가 있다는 거예요? 평생 인간의 내면세계를 탐구하고, 정신적 가치를 추구해왔다고 하는 사람들의 이러한 발언을 보면, 우리나라 근현대 지성사나 사상사의 수준이 얼마나 얕은 것인지 새삼 알 만하다는" 직격은 그 배면에 한미FTA를 가능케 했던 경제성장 이데올로기 비판이 깔려 있는 것으로 보인다.

> 아마 한미FTA가 발효되면 한국문화의 정체성이라는 게 존재할 수 있을지 모르겠어요. 영화예술 같은 것은 말할 것도 없고, 방송도 개

방된다고 하잖아요. 출판은 지금도 그렇지만 완전히 상업주의 논리에 지배될 거예요. 아마 한국은 이렇게 가면 머지않아 도처에 쇼핑센터만 들어찬 문화적 사막 국가가 될 가능성이 높습니다.

―「21세기 한국문학과 지성의 현주소」

나는 "머지않아 도처에 쇼핑센터만 들어찬 문화적 사막 국가가 될 가능성이 높습니다"라는 예견이 오늘날의 현실과 겹쳐져 다가왔는데, 실제 "도처에 쇼핑센터만 들어" 차 있는 것도 그렇지만 간헐적으로 읽는 소설 등에서 이런 "문화적 사막"이 배경이 되곤 하는 것을 봤기 때문이다. 시에서도 마찬가지다. 시 작품의 서정에 "쇼핑센터"로 상징되는 어떤 것이 도사리고 있는 경우를 자주 느껴왔다. 어쩌면 이는 김종철이 비판한 것처럼 "특정한 스타일의 글쓰기만을" 문학이라고 고집해서 벌어진 일이기도 하지만, 이른바 문학의 형식 실험도 "문화 사막"이라는 공간에서 생긴 정서 상태에서 시도되고 있기 때문일 것이다. 바꿔 말하면, "문화 사막"에서 형성된 나르시시즘이라고 부를 수 있을 것이다. 한미FTA로 상징되는 경제성장 이데올로기가 작가들에게 어떻게 내면화되었는지에 대한 비판이 「21세기 한국문학과 지성의 현주소」에 담겨 있다면 「시인의 큰 마음」에서는 보다 근원적인 문학의 자리에 대한 김종철의 육성이 담겨 있다.

그러니까, 시인은 마음을 크게 갖는 사람이라는 말입니다. 이것은 자기가 제일이라고 뽐내는 나르시시즘과는 정반대로 우주 속에서, 그리고 모든 별과 해와 달과 구름과 바위와 바람과 흙과 더불어 있는 인간의 궁극적인 운명에 대한 내적 성찰로 이어지는 마음이란 것은 두말할 필요가 없습니다. 이러한 마음의 교류를 통해 우리는 한결 인간성이 고양되는 느낌을 갖는데, 이와 같이 '큰 마음'을 갖고, 또 그러한 마음이 사람과 사람 사이에서 교류가 가능하다는 것 자체가 이미 신비 중의 신비가 아닌가 싶습니다. 저는 그런 종류의 신비로움이야말로 우리의 삶이나 예술을 근원적으로 있게 하는 토대가 아닌가 생각합니다.

—「시인의 큰 마음」

경제성장이 가져다주는 풍요와 그 그림자인 근대화된 빈곤으로 '시인의 큰 마음'이 과연 가능할까? 그것은 호혜와 유대를 바탕으로 한 '고르게 가난함'으로만 가질 수 있는 것 아닐까? 시가 가난의 장르라는 말은 이런 차원에서 이해돼야 하며, 결국 김종철의 '고르게 가난한 사회'는 시적인 사회와 의미상 겹친다. 시적인 사회는 시인이 많은 사회도, 시집이 많이 발간되는 사회도 아니다. 그것은 우리의 영혼이 물질의 지배에서 보다 더 자유로운 사회이다. 이는 시에 대한 낭만적 관념이 아니다. 시가 정말 민주적이고 개방된 사회에서 그 창조성이 담보되는 것이라면 '고르게 가난한 사회'야말로 시의 기름진 토양이기 때문이다.

굳이 뜻을 나누어 풀이해 본다면 이렇게 된다. '고르게'는 민주주의를 뜻하며, '가난한'은 불필요한 상품 지배 사회에서 자유로운 상태를 말하고, '사회'는 곧 공동체를 가리킨다. 근대 산업 기술문명이 극복된 활달한 민주적인 공동체를 꿈꾸는 것은 이상주의가 아니라, 실존의 위협에 맞선 '지금 여기'에서의 투쟁과 사유라고 불러야 맞다.

리비스의 비평과 김종철의 비평
―「리비스의 비평과 공동체 이념」(『大地의 상상력』, 녹색평론사)

 「리비스의 비평과 공동체 이념」을 처음 읽고 나서, 어쩌면 리비스에게 김종철 선생이 감정 이입이 된 것은 아닌가 생각했습니다. 리비스에게서는 정치적이고 실천적인 주제가 부족해 보이는 것은 사실이지만, 문학과 인간, 삶, 그리고 공동체에 대한 리비스의 입장은 그대로 김종철 선생과 겹쳤기 때문입니다. 더군다나 『大地의 상상력』의 부제가 '삶-생명의 옹호자들에 관한 에세이'인데, 이 언어는 바로 리비스에게서 나오는 말이기도 합니다. 벤담식 공리주의에 맞선 리비스의 비평을 김종철 선생은 다음과 같이 간명하게 요약하고 있기도 합니다. "무엇보다 리비스는 산업문명과 기술주의의 지배가 걷잡을 수 없이 심화되는 시대 상황 속에서 '삶-생명의 가치'를 끝까지 수호하려 한 비평가이다."(187) 그런데 이 문장에서 '리비스'를 '김종철'로 대체해 읽어도 무방하고, 실제로 저는 저 자신도 모르게 그렇게 읽기도 했습니다. 비인간적 산업문명을 거부하는 삶과 공동체에 리비스 비평의 뿌리가 있다면 그것은 영락없는 김종철 선생의 모습이기도 합니다.

F. R. 리비스는 우리가 간헐적으로 접하는 영문학 비평가이기는 하지만 제대로 읽을 수 없는 비평가이기도 합니다. 먼저 국내에 번역된 책은 『영국소설의 위대한 전통(The Great Tradition)』이 유일한데, 제인 오스틴과 조지 엘리엇, 헨리 제임스, 조셉 콘래드 사이 사이에 로런스를 언급하는 이 책은 '영국소설'에 문외한인 한 읽기가 만만치 않은 책인 듯합니다. 그런 리비스를 김종철 선생은 "20세기 최고의 비평가 중 한 사람"(187)으로 보고 있는데, 그것은 아마도 리비스의 비평이 민중의 뿌리박힌 삶에서 존재의 근원에 대한 의식으로서의 "종교적 감수성"까지 뻗어 있기 때문인 듯도 합니다. 아시다시피 리비스의 "종교적 감수성"은 제도로서의 기성 종교와는 아무 관련이 없습니다. 도리어 그것은 "삶의 풍부한 가능성과 무궁한 생명진화의 세계를 향해 열려 있는 감각이라고 할 수" 있습니다.(220) 비유하자면, 뿌리는 땅에 굳건히 내려져 있으면서 꽃은 하늘을 활짝 향해 열려 있는 모습일 것입니다. 김종철 선생이 파악한 이러한 리비스의 비평은 오늘날 말해지기도 하는 '개벽'에 상응하는 것도 같습니다.

이것은 이 글의 3절 모두에, 리비스가 "'교육받은 소수'의 중요성을 강조하였다" 이하에 기대서 한 말인데요, '교육받은 소수'는 "그 나름의 뜻깊은 역사에 대한 통찰, 현대적 상황에 대한 민감한 반응, 그리고 새로운 삶의 가능성에 대한 기대 혹은 전망—이러한 좀더 총체적인 비전 속에서 자연스럽게 구상된 리비스의 독특한 개념"이라는 구절에서 느낀 것입니다. 사실 리비스가 그러했는지는 리비스를 직접 읽어보지 못한 우리는 알지 못합니다. 중요한 것은 리비스가 이러한 입장을 견지했느냐 여부보다는 김종철 선생이 그것을 읽어냈다는 사실일 겁니다. 그렇다면 앞에서 말한 '개벽'도 우리 입장에서는 리비스의 것이기에 앞서 김종철 선생의 것이라고 판단해도 무리는 아닐 겁니다. 그리고 여기에 전통 좌파들이 이해하지 못하는 리비스와 김종철이 있는 것 같습니다. 앞에서 인용한 다음 단락에 이런 말도 나오죠. "오늘의 삶의 근본적 위기가 '의미'의 박탈을 강요하는 산업문명 그 자체에서 연유한다면, 정말 필요한 것은 전통적인 의미에서의 계급투쟁이 아니라 일종의 '문화혁명'이라고 보는 게 자연스럽다."(200)

리비스가 '교육받은 소수'를 강조한 이유에 대해서는 그다음에도 자연스럽게 이어집니다만, 저는 좀 다른 지점에서 리비스의 입장에 대한 김종철 선생의 '옹호' 이유를 찾고 싶습니다. 5절에는, 산업화가 진전되면서 "문학이 건강한 민중적 뿌리로부터 단절되는 경향"을 블레이크의 후기 작품을 통해 들여다보는 김종철 선생의 판단이 들어 있습니다. 사실 이 문제는 이 책의 첫 장인 「블레이크의 급진적 상상력과 민중문화」에서도 언급된 것인데, 블레이크의 후기 작품에서 "독자들과의 사이에 의사소통이 쉽지 않을 만큼 상당히 난해한 것이"(217) 된 것은 "유기적 공동체가 결여된 상황에서의 시인의 고립된 처지와 연관"되어 있음을 읽은 부분입니다. 이런 경우에 문학은, 리비스가 비아냥거린 '플로베르주의'에 빠져들기도 합니다. '플로베르주의'는 리비스가 중요시한 "협동적으로 다시 새로워지는 인간 세계"에 대한 믿음 대신 학식이 있고 지적으로 세련돼 있는 일종의 정신적 병리 현상을 가리킵니다.(218) 사실 이 '플로베르주의'는 삶의 뿌리와 공동체를 잃은 현대예술이 해당될 겁니다. 이런 맥락 때문에 리비스는 '교육받은 소수'를 강조했을 것이며, 이것이 리비스를 보수주의 비평가로 오해하게 했을 겁니다.

사실 전통 좌파 철학에서 농촌 공동체와 농업의 중시는 전근대적인 봉건주의라는 조롱을 받습니다. 그런데 거기에다 '교육받은 소수'라는 개념이 추가됐으니 20세기 초중엽의 역사적 맥락을 고려하면 이해되지 않는 것도 아닙니다. 그런데 페리 앤더슨의 의해 재조명받는 것이라든가(190) 좌파 문화이론가 레이먼드 윌리엄스가 한때 리비스의 영향권 안에 있었다는 사실은 여러모로 흥미롭습니다.

개인적으로 김종철 선생이 소개해준 리비스의 면목 중 인상 깊었던 것은, 테크놀로지에 대한 극심한 반감입니다. '삶의 가치'를 파괴하는 산업기술문명에 대한 반발이 리비스의 기본 입장이라지만 20세기 들어와 본격화된 테크놀로지의 질주 속에서도 그 입장을 끝내 견지하는 것은 쉽지 않은 일일 겁니다. 특히 다음과 같은 김종철 선생의 리비스에 대한 발언은, 어디까지가 리비스의 것이고 어디서부터가 김종철의 것인지 헷갈리기는 하지만(그만큼 두 사람의 목소리가 겹친다는 뜻), 지금도 충분히 울림이 있고 여전히 유효하다고 봅니다.

> 예를 들어, 컴퓨터의 놀라운 기술적 가능성에 고무된 일부 지식인들이 컴퓨터에 의한 시작(詩作)이 곧 현실화될 세상을 운위하는 것에 대하여 리비스가 극도의 분노와 혐오감을 표시했을 때, 그는 물론 오랜 인문적 전통의 대변자로서 반응한 것이었다. 하지만 그것은 또한 갈수록 기승을 부리는 기계적 추상화와 환원주의에 의해 인간다운 삶이 뿌리로부터 침해당하는 현실에 대한 그 나름의 외로운, 그리고 가열한 저항의 표현이었다.(196)

앞에서 말한 블레이크의 후기 작품이 난해해진 배경, 즉 "유기적 공동체가 결여된 상황"은 다르게 말하면 "컴퓨터의 놀라운 기술적 가능성"의 전개와 연동돼 있을 것입니다. 이에 대해서는 좀더 치밀한 이해가 있어야 하겠지만 컴퓨터 기술의 발전이 결국 산업기술문명의 고도화의 다른 이름이라면 리비스의 비평과 투쟁은 김종철 선생의 말마따나 "수미일관성을 유지"한 결과이기도 할 것입니다. 확실한 것은 컴퓨터 기술의 발전이 삶의 가치를 대지에 두지 않는 것의 일반화 위에서 전개된 일입니다. 사실 이러한 상태에서는 리비스가 꿈꾼 "제3의 영역"이 가능할지 장

담하기 힘듭니다. "리비스가 생각하는 창조적인 삶의 과정"인 "뿌리를 박은 채 변화"하는 삶이라는 명제가 현실 속에서 크게 흔들리기 때문입니다. 뿌리의 전제가 유기적 공동체라면, 우리는 그 상황에서 너무 멀리 와 있는지도 모르겠습니다. 만일 우리가 뿌리를 제대로 박지 못한 채 살고 있다면 리비스가 말한 '존재의 근원'은 이미 유실되었을 것입니다. 이 "기술공학적-벤담주의"의 압도적인 위세 속에 어떻게 또는 어떤 창조적 예술이 가능할 것인가는 사실 사활이 걸린 문제일 겁니다. "그럼에도 불구하고, 로렌스와 같은 천재들의 소산, 즉 위대한 문학의 힘에 의지하여 우리의 창조적 노력은 불가피하게 계속되어야 하고, 또 계속될 수"(226) 있습니다. 이것은 리비스의 말이기도 하지만, 우리가 아는 그대로, 김종철 선생의 말이기도 합니다.

어쩌면 우리에게 주어진 과제는 "컴퓨터의 놀라운 기술" 속에서 포기할 수 없는 "창조적 노력" 그 자체일지도 모르겠습니다. 이것은 리비스와 김종철 선생의 비평의 일이기도 하겠지만 문학 창작의 소명이기도 할 텐데, 그것은 인공지능으로 상징되는 테크놀로지와 타협하는 것으로는 되지 않을 겁니다. 테크놀로지를 불가피하게 이용해야 하는 와중에서도 테크놀로지를 극복하려는 "창조적 노력"이 만일 개인적인 차원에서 진행된다면 "시인의 고립된 처지"는 더욱 가중될 것입니다.

문제는 우리 자신이 "삶-생명이라는 것은 본질적으로 끊임없이 살아 있고 끊임없이 유동적인 어떤 것"(221)인 점을 잊지 않으면서, 그것이 테크놀로지의 압도 속에서 어디에 어떻게 살아 있는지 묻고, 탐색하고, 발견해내는 일일 겁니다. 이러한 고투 없는 테크놀로지에 대한 감정적 반발은 우리를 손쉽게 낭만적인 세계관으로 이끌 것이 자명하며, 이렇게 되면 우리는 역사를 '제대로' 살지 못하고 단지 역사를 미워하는 퇴보를 겪을 것입니다.

확실히 테크놀로지와 에콜로지는 양립하기 어려운 것 같습니다. 그런데 현실은 테크놀로지가 너무도 압도적입니다. 하지만 "예술가는 자신의 창조활동 속에서 무한한 창조적 진화에 봉사하는 '하인'"임을 믿는다면 테크놀로지의 범람 속에도 바늘구멍만 한 길은 있을 겁니다. "이 세상에서 인간의 삶이 사라진다고 하더라도 새로운 삶-생명이 우주 속에서 생성될 것이라는 믿음을 가지고"(226) 있다면 말입니다. 테크놀로지마저 삶-생명의 법칙에서 독립적일 수는 없습니다. 어쩌면 테크놀로지 자체도 삶-생명의 법칙하에 있을 겁니다. 그래서 리비스의 결론처럼 "합리주의와 자동주의는 지금 승리하고 있는 것 같지만 최종적으로는 패배할 것"입니다.

녹색국가를 향한 더 많은 민주주의
― 「녹색국가의 가능성」(『근대문명에서 생태문명으로』, 녹색평론사)

촛불을 다시 생각하다

최근 LH공사 직원들의 부동산 투기를 야기한 광명시흥 신도시 건설 계획이나 지방선거 재보선을 노린 여당(정확히 말하면 기성정치권)의 부산 가덕도신공항 강행 사태, 또는 제주도민의 반대가 나왔는데도 아직 미련을 버리지 못하고 있는 제주 제2공항 등 토목, 개발사업들을 보면서 녹색국가를 '향하는' 길은 참으로 요원하다는 생각이 든다. 녹색국가라고 하면, 일반적으로는 유토피아쯤으로 생각하는 경향이 있는 것 같지만 녹색국가라고 해서 이상적인 이미지를 그릴 필요는 없다고 본다. 『근대문명에서 생태문명으로』 4장에 실린 김종철 선생의 글을 읽어보면 도리어 녹색국가를 '향하는' 길은 시급하고 동시에 현실적일 수도 있다는 느낌을 받았다. 녹색국가를 상상하는 일에 먼저 저 '촛불'에 대한 복기와 역사적 평가를 시도해볼 필요도 있다. 「촛불시위와 '시민권력'」그리고 「한국의 '촛불혁명'에 대하여」중 전자는 '촛불혁명'의 복판에서 나온 글이고, 후자는 '촛불혁명'이 끝나고(?) 김종철 선생이 일본에서 발언한 내용이다.

새삼 '촛불'을 다시 생각하면 어떨까 싶은 것은, '촛불'을 통해서 녹색국가를 향한 경로를 모색할 수는 없을까, 하는 문제의식 때문이다. 이제 와서 '촛불'이 혁명인가 아닌가 논하는 게 무슨 의미가 있을까 싶다가도 '촛불'을 현실에 대한 다른 상상력의 출발선으로 삼는 일은 '촛불'을 역사적으로 재전유하는 하나의 시도는 될 것 같다. 물론 여기서 '촛불'이 혁명이냐 아니냐 하는 것을 논증하지는 않을 것이다. 다만, '촛불' 당시 긴급하게 제안되었다가 논의도 못 해보고 철회됐던 '시민의회' 문제, 즉 현 정당정치와 선거 제도의 대안으로 제비뽑기를 통한 시민의회 구성은 되살려야 할 불씨라고 할 수 있겠다. 이미 김종철 선생은 '촛불'의 복판에서 '시민권력'을 꿈꾸면서 "아무리 끈질기게 계속한다 하더라도 광장에서의 항거와 싸움은 어차피 영구적 지속이 불가능하다. 우리는 조만간 촛불의 크기는 줄어들고, 마침내 식어버리는 날이 온다는 것을 냉정히 고려해야 한다. 뭔가 이 상황에 '급진적인' 개입이 행해지지 않는다면, 지금과 같이 대규모 촛불시위를 통해 전면으로 부각된 '시민권력'은 조만간 힘을 잃고, 민초들의 목소리는 또다시 억압되고 무시당하는 수모를 겪는 날이 올 것이다"(「촛불시위와 '시민권력'」)고 우려했다. 그리고 그것은 현실이 된 것 같다. 선생의 이런 우려와 예상 자체가 특별한 것은 아니지만 어쨌든 지금으로서는 '촛불'이 횃불이 되기는커녕 산불이 되어 골짜기와 산등성을 태우고 있는 것은 아닌지 우려스러울 따름이다.

선생이 생각한 '시민의회'는 "시민들이 상시적으로 권력을 행사할 수 있는 제도적 틀"인데, "무엇보다 시민의회는 전국의 평범한 시민들 중에 의해 무작위(제비뽑기)로 뽑힌 대표자들이 자유로운 토론과 숙의가 가능한 규모의 회의체"이다. 당연히 제비뽑기에 의한 '시민의회' 구성은, 과두정에 지나지 않는 현 정당정치와 민주주의적인 요소가 없는 것은 아니지만 그 과두정을 실질적으로 떠받치고 있는 선거 제도의 대안이기도 하고, 그에 앞서 궁극적으로는 "보다 밀도 높고 건강한 민주주의를 확립"하는 데 그 목적이 있다고 할 수 있다. 문제는 어느 정치세력이건 이 제비뽑기 방식을 '장난'으로 알거나 실현 불가능하다고 본다는 점이다. 또는 "전문가들의 조력"을 또 다른 관료제라고 보는 입장도 있다. 물론 이러한 우려가 전혀 근거가 없는 것은 아니지만, 그렇다 해도 현 정치제도를 그냥 유지해야 하는가 하는 문제는 여전히 남는다. 아직도 선거에서 보다 나은 인물을 선출하지 못하는 데서 원인을 찾는 관점도 많으며, 어쩔 수 없다는 허무적인 또는 타협적인 입장은 더 많다.

경제성장의 본질과 그 폐해

이런 현실주의의 공통점은, 정당정치와 선거제도에 근거를 둔 현 정치체제를 과두정으로 인정하지 않는다는 것이다. 설령 과두정이 지나친 표현이라 하더라도 과두정과 흡사한 껍데기 민주주의임이 자명한데도, 애써 민주주의라고 강변하는 것은 그동안 항쟁을 통해 전진해온 역사적 자긍심이 입을 수 있는 상처 때문인 걸까, 아니면 '이만해도 어디냐!'는 자포자기 때문일까? 그런데 가만히 보면, 이른바 정치적으로 자신들을 진보라고 생각하는 사람들 대부분이 선거 때만 되면 '민주투사'가 되곤 하는데, 그 사람들은 상대적으로 '나은' 인물이나 정당을 선택해야 한다고 강변한다. 하지만 현실은 언제나 선거 이후다. 그 숱한 공염불이 지나간 자리에는 또다시 토목, 개발사업과 부정부패가 찾아온다. 이런 이들보다 조금 더 진보적인 그룹들은 현존 정치권력만 비판하면 자신의 책무를 다한 것 같은 착각을 가지고 있는 것처럼도 보인다. 다시 말하면, 우리가 사는 현실의 심부를 들여다보기를 바라지 않는다는 점에서 대동소이하며 민주주의와 정당정치/선거제도를 등가로 본다는 점에서는 일치한다.

「녹색국가의 가능성」에서 녹색국가를 '향하는' 출발선에 경제민주화 문제를 둔다는 점이 새삼 인상 깊었다. 선생은 경제민주화가 "빈부 간의 격심한 격차, 즉 사회 구성원 사이의 과도한 경제적 불평등을 해소하자는 것"이라는 대강의 정의를 내린 다음에 "경제적 불평등이란 사유재산 제도 성립 이후의 문명사회 어느 곳에서든 완전히 배제할 수는 없는 현상"이라고 진단한다. 그리고 "자본주의경제에서 사회적 격차는 시스템 자체가 돌아가는 데 불가결한 요건이다. 그러므로 자본주의의 확대·팽창은 곧 격차사회의 심화를 뜻할 수밖에 없다"고 최종 판단을 내린 것이다. 근대 자본주의에 대한 이런 최종 판단 위에서 한국의 경제 민주화 문제가 대두되고, 글로벌화되는 한국의 대기업을 위해 노동자와 서민이 희생되는 한국 경제의 구조를 짚는다. 이런 구조 속에서 민중의 삶은 나날이 피폐해질 수밖에 없는데, "대부분의 정치지도자들은 대기업이나 금융투자가들에 대항할 엄두를 내지" 못하고 있다. 이렇게 "정치에 대한 자본의 지배는 전면적인 것이 되었다. 정치뿐만 아니다. 언론, 대학, 교육, 문화, 과학기술 등등, 여론을 주도하고, 사회를 이끄는 온갖 분야의 '엘리트'들을 지배하고, 그들의 정신을 오염시켜온 것도 자본의 힘이다."

마르크스는 상품의 생산과 가치의 결정, 그리고 유통은 사회적으로 이루어지는데 그와는 달리 공장은 부르주아의 개인 독재에 의해 지배된다고 말한 적이 있다. 그러면서 슬며시 나타난 게 프롤레타리아 독재인데, 가라타니 고진은 마르크스가 말한 프롤레타리아 독재는 부르주아 독재에 대한 정치적 응수, 그것도 은유적 응수라고 말했다. 마르크스의 프롤레타리아 독재가 정말 그러한 맥락에서 제출되었는지는 잘 모르겠지만, 공장 내

부르주아 독재는 공공연하게 사회적으로 확산되었고, 지금은 확고히 자리 잡은 게 사실이다. 차라리 진리에 가까워졌다. 우리는 부르주아 독재, 즉 자본 독재 시대를 살고 있는 셈이며 앞에서 인용한 선생의 발언은 그러한 우리의 현실을 간명하게 그러나 구체적으로 보여준다. 이런 상황에서 경제성장이란 자본의 증식에 지나지 않으며, 경제적 불평등이 자본주의의 어쩔 수 없는 속성인 한에서 경제성장은 경제적 불평등의 심화와 확대를 의미하는 것에 다름 아니다. 정확히 말하면 경제성장은 경제적 불평등을 유지하는 자본주의 경제의 성장일 뿐이다. 문제는 경제적 불평등만이 아니다.

> 오늘날 세계가 처한 복합적인 위기상황, 즉 기후변화 및 농경지 사막화를 위시한 심각한 환경파괴, 석유를 포함한 각종 지하자원의 급속한 고갈, 인구 불균형, 근대적 금융통화제도의 파탄, 그리고 사회적 격차의 심화 등등은 예외 없이 오로지 단기적 이윤추구에 골몰해온 자본주의 성장 논리의 필연적 결과다.(「녹색국가의 가능성」)

우리의 지금 현실이 강력한 자본 독재 시대라면, 당연히 "필요한 것은 더 많은 민주주의이지, 더 많은 경제성장이 아니다." 그 주체와 성격을 떠나 독재의 대립항이 민주주의인 것은 논리적으로도 타당하며, 경제성장이 자본 독재를 더 강화시키는 것이라면 "더 많은 민주주의"가 그에 대한 실질적인 해법인 것도 사실이다. 여기에서 경제성장의 맞은편에 민주주의를 놓는 선생의 통찰력이 다시 한번 빛난다. 자본주의 경제의 맞은편에 사회주의를 놓는 전통 좌파들의 맹점은 자본주의 경제가 발전시킨 생산력과 생산수단을 사회적으로 소유하자는 데에서 나아가지 못한다는 점에 있으며, 민주주의를 습관적으로 근대 부르주아 민주주의와 등치시키는 도그마에 있다. 그런데 생산력과 생산수단의 사회적 소유가 민주주의의 실질적 내용 아닌가? 결국 자신들의 입으로 민주주의를 말하고 있으면서도 민주주의를 정치제도로 국한시키고 있는 셈인데, 민주주의가 삶의 원리여야 한다는 점을 놓치고 있다고 말해도 좋을 것 같다.

경제성장을 멈추게 해야 하는 일, 이것은 베냐민이 말한 '브레이크'와 같은 의미일 것인데, 선생이 보기에도 더 이상의 경제성장은 인간의 삶에도, 자연과 생명에도, 지구에도 해로울 뿐인 것이다.

자폐적 세계관을 넘어

「녹색국가의 가능성」 후반부에서 소개하는 라틴 아메리카의 상황은 선생의 구상과 상상력이 단순한 낭만적 발상이 아님이 드러난다. 볼리비아의 인디오 출신 대통령 에보 모랄레스를 소개하면서, "그러나 주목할 것은, 그의 개혁사상은 맑스주의적 사회주의 노선에 충실한 것이라기보다는 어디까지나 안데스 토착문화의 세계관·자연관에 뿌리를 두고 있다는 점이다" 같은 선생의 발언은 우리에게 충분히 낯익으면서도 그 무게감은 지금도 전혀 떨어지지 않는다. 그것은 아무래도 우리의 현실 때문일 것이다. 선생의 소농 중심의 문명관이 세간의 오해를 많이 받는 것도 사실이지만, 어쩌면 이 소농 중심의 문명관에서 선생의 여러 생각과 상상력이 뻗어 나왔을지도 모른다. 선생이 더 한층 자세하게 소개하는 경우는 에콰도르이다. 라파엘 코레아 대통령의 개혁 정책에 대해서는 여기서 다시 요약할 필요는 없을 것 같다. 그럼에도 불구하고 에콰도르의 신헌법은 여러 가지 생각을 불러들인다. "새로운 헌법이 '좋은 삶(buen vivir)'을 강조하고, 지속 가능한 '좋은 삶'을 위해서 '자연의 권리'를 명문화하고 있다는 점"에서도 그렇지만, 다음과 같은 선생의 지적 때문이기도 하다.

'자연의 권리'를 명문화하고 있다는 의미에서 에콰도르의 신헌법은 아마도 세계사에서 획기적인 의의를 갖는 것일지도 모른다. 전통적으로 '진보파'는 민중의 권리를 강화하는 데는 열성적이면서도, 그 민중의 지속적 생존의 토대인 자연에 대해서는 늘 부차적인 관심밖에 보여주지 않았다. 그리하여 그들 역시 민중의 사회적 권리를 확대하기 위한 전제조건으로서 늘 경제성장을 옹호하고 장려해왔다. 경제성장을 중시하는 한, 인간과 자연 사이의 조화를 고려해야 한다는 생각은 희박해질 수밖에 없다. 코레아 대통령의 측근이자 에콰도르 신헌법제정위원회 위원장이었던 경제학자 알베르트 아코스타에 의하면, 그러한 좌파의 관점은 간단히 말하면 "자폐적 세계관"이다.(「녹색국가의 가능성」)

우리가 눈여겨봐야 할 것은 볼리비아와 에콰도르에서 벌어지는 일들의 배경이다. 그것을 선생은 글의 마지막 단락에서 다시 한번 강조한다. "그런데 여기서 잊지 말아야 할 중요한 것이 있다. 그것은 에콰도르의 선구적인 헌법이나 헌법정신에 의거한 석유개발 포기라는 경탄할 만한 결정은, 그 사상적 뿌리가 결국은 안데스의 토착 농민문화에 있다는 사실이다."

우리에게는 '녹색'에 대한 다소 낭만적인 사고가 있는 것도 사실이다. 그것은 숲이라든가 강이라든가, 그러한 자연이 그대로 온존하는 '평화로운 풍경'과 관계가 있다. 하지만 '녹색'의 실질은 바로 농업과 직결되며, 농업이 없는 숲과 강은 그야말로 '순수시인'들의 백일몽에 지나지 않는다. 선생은 이미 그것을 알고 있었고, 소농 중심의 세계를 위한 구체적인 방안으로 농민기본소득을 주창하신 것으로 알고 있다. 에콰도르의 사례에서 기본소득에 대한 힌트가 주어지기도 하지만, 문제는 에콰도르도 대통령 '선거' 때문에 "경탄할 만한 결정"이 흔들릴 수도 있다는 점이다.

그래서 다시 우리의 이야기는 제비뽑기와 그것을 통해 구성된 시민의회 아이디어로 되돌아올 수밖에 없다. 즉 "더 많은 민주주의"로 말이다. 여기서 '더 많은'은 단지 양적인 뜻만을 가지고 있는 것은 당연히 아니다. 선생은 도처에서 '좋음'과 '깊이'를 강조한다. '숙의민주주의'는 이 두 가지를 강조한 결과물이다. 녹색국가를 '향하는' 길에 "더 많은 민주주의"가 필요한 것은 선생에게는 흔들림 없는 원칙으로 보인다. 그 민주주의를 위해, '촛불'이라는 사건을 다시 떠올릴 필요가 있는 것은 우리의 지금 모습이 '촛불'로부터 확연히 떠나 있기 때문이기도 하다.

수운 최제우가 10년 동안 장사치를 하면서 도탄에 빠진 민중의 삶을 목격하고 그 구제 방법을 찾기 위한 길을 모색할 때, 어느 스님이 찾아와 비결이 담긴 책을 건넸다는 일화(을묘천서)가 있다. 어느 봄날 잠시 낮잠을 자고 있는 중이었다. 그 책에는 기도에 관한 가르침이 들어 있었다고 한다. 이 사건이 수운의 모색 방향을 바꾸는 계기가 되는데, 이에 대해 표영삼은 '사색에서 기도로'라고 해석했다. 그 뒤부터 수운은 독서와 사색, 그리고 기도를 병행했으며 그 적공의 결과 홀연히 종교 체험을 하게 된 것이다. 이게 19세기 조선 민중에게 들불처럼 번진 동학사상의 출발점이다. 포덕 1년 만에 그는 지배 세력에게 죽임을 당했지만 그의 사상이 해월에 의해 곳곳에 퍼지게 된 것은 익히 알려진 역사적 사실이며 그 사상의 힘으로 조선 민중들은 분연히 봉기하게 된다.

선생이 자주 강조하는 인간의 나약함이 무너지지 않게 하는 등뼈는 이런 사상이 아닐까 싶다. 만주에서 치열한 무장투쟁을 벌인 독립투사들의 정신적 지주 역할을 대종교 같은 종교 사상이 했던 것도 주목할 만한 내용이다. 이념을 일반적으로는 우리가 가 닿아야 할 목표 지점으로 받아들이고는 하지만, 현실에 대한 근원적이고 발본적인 물음의 역할을 한다는 게 진실에 더 가깝다. 가 닿아야 할 목표 지점으로서의 이념은 언제나 초월적인 위치에 있지만, 물음으로서의 이념은 우리의 삶에 내재해 있다는 큰 차이가 있다. 그렇다면 지금 우리에게 이념 혹은 사상이 있는 것인지 자문해보는 것도 가능하다. 우리에게 지금 부족한 것은 어쩌면 기도일지도 모른다. 반면에 선생은 그 기도를 '글'이라는 조금 세속적인 방식으로 실행했는지도 모르겠다.

아무튼 선생이 꿈꿨던 '녹색국가'는 토착문화의 회복에 달려 있으며, 그것의 구체적 모습은 농업으로의 회귀일 것이다. 하지만 현실은 첨단 공학으로 점철된 모습이다. 그것에 대한 구체적인 사례는 여기서 길게 논할 필요도 없을 듯하다. 이제는 딸기가 밭에서 재배되는 것이 아니라 스마트 팜에서 '생산'되며, 농지은행은 논농사를 짓지 않아야 논을 대여해준다. 이러한 가치 전도의 세계에서 농업으로의 회귀가 불가능할 것처럼도 보이지만, 절체절명의 현실에서도 그 활로를 모색하려는 희망을 갖는 것이 이성을 가진 인간의 몫일 것이다.

선생은 농사가 육체적으로 얼마나 힘든 것인지 충분히 이해하고 있었으며 농사를 결코 낭만적으로 말한 적이 없다. 문제는 그

육체적 고통을 대하는 우리의 태도이고, 농민에 대한 사회적 존중과 세계의 시선이다. 육체적 고통을 사갈시하는 불구의 정신이 세계를 지배하고 있는 한 농민의 인간적 존엄과 문화적 긍지는 짓밟힐 수밖에 없으며 근대적 빈곤에 시달릴 수밖에 없다. 우리들의 부모 세대는 농사를 지으면서 그것을 뼈저리게 겪었다. 그래서 우리들에게 그토록 농촌에서 벗어나길 바랐던 것이다.

선생이 녹색국가를 꿈꾸면서 다시 농업을 이야기하는 것은 너무도 자연스러운 귀결이며, 그것을 위해서라도 "더 많은 민주주의"가 필요하고, 그 민주주의를 위해 '껍데기 민주주의'인 정당정치와 선거제도를 해체하려 했다고 나는 이해한다. 돌아가시기 몇 달 전에 다시 '농민기본소득'을 다뤄야겠다고, 다른 이야기들을 하는 사이에 그 중요한 문제가 망각되어 가는 것 같다고 하신 말씀이 지금도 귀에 생생하다. 농업으로의 회귀가 얼마나 중차대하고 본질적인 민주주의 문제인지 이 글을 읽으며 새삼 깨달았다.

대 - 화

에
필
로
그

대-화
1

인공지능과 예술, 그리고 '시인의 큰 마음'

김권식   근래 가장 큰 이슈는 인공지능일 텐데요. 앞으로 인공지능의 시대가 도래할 것이라 합니다. 인공지능의 테크놀로지와 예술 간에 관계에 대해 어떤 생각이신지요?

─인공지능과 예술의 관계는, 제가 볼 때는 화해하기 힘들 겁니다. 지금 우리가 공부하는 「예술작품의 근원」에서 하이데거가 말했듯이 예술이 단지 아름다움과만 관계되는 것이 아니라면요. 하이데거는 예술작품이란 것은 미학적 가치가 보태진 도구가 아니라고 하잖아요. 예술작품은 진리의 일어남이라고 하면서 세계의 건립이라고 하지요. 그렇게 이해하면 세계가 건립되는 것 자체가 진리라는 말이 되는데, 인공지능은 세계를 건립하는 게 아니라 현실 세계가 만들어낸 것들을 조합하는 것이잖아요. 그게 텍스트를 생산하는 것이든 이미지나 영상을 생산이든

마찬가지입니다. 인공지능은 빅데이터를 가지고 이용자의 요구에 응답하는 것인데 이는 하나의 도구에 지나지 않습니다. 그래서 저는 인공지능이 만들어낸 것을 예술로 부를 수 없다는 입장입니다.

물론 인공지능이 예술작품 비슷한 것을 만들어낼 수는 있을 겁니다. 도구가 예술작품과 일부 같은 속성을 가지고 있듯이 말입니다. 하지만 도구에는 진리의 일어남이 없죠. 즉 도구를 아무리 잘 만들어도 도구는 하나의 세계를 건립하지 못합니다. 용도성과 용도성의 근원적 본질인 신뢰성은 있을 수 있지만요. 따라서 인공지능이 외형적 아름다움을 창출할 수는 있지만 그 아름다움이라는 것도 예술작품이 뿜어내는 아름다움과는 질적으로 다른 겁니다. 인공지능이 만들어낸 결과물을 무엇이라 부르든 그것은 예술과 관계없는 것입니다. 문제는 기술과 예술 사이에서 생각이 분명치 않은 예술가들입니다. 어떤 이들은 기술을 이용해 예술을 창조해낼 수 있다고 합니다만, 주로 미디어아트 쪽이지요. 그런데 제가 묻고 싶은 것은 기술과 협업한 예술이란 것이 도대체 무엇인가 하는 점입니다. 저는 여기서 미디어아트가 예술이냐 아니냐를 논하고 싶은 마음은 없습니다.

베냐민은 어느 글에서인가 아우라를 사물이 가진 눈이라는 투로 말한 적이 있습니다만 베냐민에 기대 말하자면, 예술가들이 만들어낸 작품에는 눈이 있어야 합니다. 저는 이 베냐민의 눈이 곧 하이데거가 말한 세계의 건립과 통하는 바가 있다고 생각합니다. 세계에게는 눈이 있을 수밖에 없기 때문이죠. 말이 조금 어렵게 됐는데, 예술작품은 예술가의 직관이나 기지나 기발한 동작만으로 만들어지는 것이 아니라고 봅니다. 김수영이 말한 것처럼 온몸이 참여해야만 예술작품이 창조되죠.

그런데 인공지능에게는 몸이 존재하지 않습니다. 물론 김수영의 온몸에서 몸은 단순한 신체(body)를 의미하지는 않습니다만, 신체가 없이 몸은 또 존재할 수 없습니다. 즉 온몸은 신체를 포함하면서 그것을 넘어서는 것입니다. 일각에서는 인공지능이 탑재된 컴퓨터 본체에 센서 기능을 확대하면 그 본체가 신체가 되지 않겠느냐고 말하던데, 저는 말이 안 된다고 생각합니다. 현대 기술 과학이 말하듯이 몸은 정보(Data)와 관계되는 게 아니라 기(氣)의 작용과 관계되기 때문입니다.

간단히 말하면 예술작품은 정보를 다루는 인공지능과는 아무 관계가 없습니다. 기의 작용이자 결과인 몸을 통해 이루어집니다.

김 권 식   고르게 가난한 사회란 어떤 사회일까요? 다른 글에서 고르게 가난한 사회라는 말씀을 하셨는데요. 농촌 문제에 대해서도 많은 이야기들을 평소에 말씀하셨습니다. 현재 서울과 지방 도시 간, 도시와 농촌 간에 발생하는 문제의 시각은 주종관계 보는 경향들이 있는데요. 고르게 가난한 사회가 의미하는 것이 이 문제에 대한 결과라고 생각이 듭니다.

— 고르게 가난한 사회는 결코 빈곤한 사회가 아닙니다. 아마 '가난'이라는 말 때문에 큰 오해를 받고 있는 것 같습니다만, 고르게 가난함은 첫째로 상품 중독에서 벗어난 상태를 말하는 것이고, 그래서 삶에 필요한 것을 최대한 자립적으로 생산해내자는 것이면서 물질적 부의 극단적 추구는 상대적으로 이웃의 어두운 빈곤을 깊어지게 한다는 평범한 상식을 가리킵니다.

사실 상품의 증가는 경제성장의 결과입니다. 경제성장은 최대한도로 상품을 만들어내야만 가능하죠. 자연도, 돌봄도, 문화도, 언어도 상품화된 현상을 보세요. 이것들이 곧 경제성장을 통해서 가능했던 겁니다. 또는 경제성장을 촉진하면서 일어난 현상입니다. 제가 과학적 통계 같은 게 있어서 말하는 게 아니라 경험에 의한 직관으로 조금 과감하게 하는 말인데, 예를 들면 협동조합 운동이 잘 안 되는 것도 이런 사정과 무관하지 않다고 봅니다. 상품화되지 않은 게 없는 세상에서 협동조합이 자주적으로 삶에 필요한 서비스와 재화를 만들어내는 것은 매우 어렵습니다. 이미 나와 있는 상품과 경쟁이 되지도 않지요, 자본주의 사회에서 협동조합도 결국 상품을 생산해야 존립이 가능하잖아요. 크게 성공한 협동조합이 기업과 비슷해지는 것에는 아마도 이런 맥락이 숨어 있을 겁니다.

고르게 가난한 사회가 무엇인지는 제가 다른 글에서 직관적으로나마 말한 적이 있는데요, 저는 제 정의가 맞다거나 옳다고 주장하지 않습니다. 이것은 정말 상상력의 문제이고 실천적인 주제이기 때문에 현실에 맞게 계속 수정돼야지요. 그래서 저는 고르게 가난한 사회에 대해 더 많은 대화와 연구가 필요하다고 봅니다. 저는 그냥 여기저기 불쏘시개나 던지자는 마음입니다. 시인이란 존재의 낭만적인 특권이라고나 할까요. 아무튼 고르게 가난한 사회가 되지 않는 한 우리의 미래는 암울하다는 게 제 생각입니다. 그리고 고르게 가난한 사회로의 이행에서 농업으로의 회귀는 불가피하며 회귀 자체가 큰 문명 전환이라고 봅니다. 탄소 배출에 농업도 큰 책임이 있다고 하는 말을 들으면 저는 좀 웃습니다. 그래도 농업이 주였던 세상은 생태적인 순환이 그나마 가능했습니다. 농업이 배출하는 탄소량은 모르긴 몰라도 농작물마저 상품 세계에 무자비하게 던져진 것과 비례할 겁니다. 농업도 탄소 배출에 큰 책임이 있다고 말하는 것은 이런 맥락을 빼고 말하는 겁니다. 그냥 일종의 물타기 같아요.

서울과 지방 도시의 관계, 도시와 농촌의 관계도 결국 같은 문제입니다. 상품 사회를 좇아가지 않으면 지금 당장 존립이 불가능하니 지방 도시고 농촌이고 간에 서울을 카피하고 있는 겁니다. 서울이 점점 비대해지고 낯설게 된 것도 어쩌면 대한민국이 제국적 질서에 동참해서 일어난 현상일 겁니다. 당연히 여기에 테크놀로지와 테크놀로지의 발전을 가능케 했던 자본의 운동이 이 모든 것을 추동했다고 봅니다. 자본의 이런 맹렬한 운동은 최종적으로 생명을 파괴하면서 부의 집중과 '근대적 빈곤'의 확대를 가져옵니다. 그리고 기후위기라는 역풍이 붑니다. 저는 이게 우리가 사는 지금 현실의 모습이라고 봅니다.

김권식 민주주의의 위기다, 라는 말들이 많은데요. 민주주의를 절차나 사상, 법규로 보는 경향이 아직 우리 사회는 짙은 듯합니다. 민주주의가 나아가야 할 방향은 어떤 것일까요?

―민주주의의 위기는 사실 오래전부터 이야기됐죠. 여기에 대한 학자들의 전문적인 진단은 저는 잘 모릅니다. 다만 예전에 고 김종철 선생이 민주주의의 위기, 정확하게는 대의민주주의의 위기가 경제성장이 한계 상황에 봉착했기 때문에 벌어진 일로 말하신 적이 있는데 저는 충분히 수긍이 갔습니다. 사실 서구 사회가 민주주의 사회인지도 잘 모르겠습니다. 경제 상황에 따라 민주주의는 언제나 위기가 아니었나 싶습니다. 19세기 유럽의 제국주의는 결국 경제성장의 길을 포기하지 않았기 때문에 벌어진 일 아닐까요? 역사적으로 유럽 각국의 노동자 계급이 제국주의의 수혜자였다는 것은 이미 밝혀진 사실입니다. 유럽이 글로벌 사우스에 식민지 지배에 대한 배상을 하면 유럽은 순식간에 붕괴할 거라는 말은 이같은 진실을 가리키고 있습니다. 제국주의를 용인한 민주주의는 더 이상 민주주의가 아닙니다. 고대 아

테네도 마찬가지입니다. 고대 아테네 민주정 전체를 민주주의라고 부를 수 있을지 의문입니다. 노예 제도가 용인되었기 때문에 고대 아테네 민주주의는 하자가 있다는 주장도 맞는 말이지만, 그보다 더 큰 일은 바로 아테네의 제국화일 겁니다.

아테네가 다른 폴리스들에게 행한 침략과 학살은 몸서리치는 사건들이죠. 이때도 아테네가 경제적 부 때문에 벌인 일들입니다. 그 때문에 펠레폰네소스 전쟁이 일어난 거죠. 아테네는 자신들의 욕망을 채우기 위해 학살도 서슴지 않았습니다. 이런 역사적 사정들을 감안했을 때 경제성장 자체와 민주주의의 퇴보는 깊은 상관관계가 있어 보입니다. 혁명으로 탄생한 독일 바이마르공화국이 결국 나치의 전체주의 국가로 전락한 것도 결국 1차 세계대전의 상처를 딛고 일어서려는 경제성장 추진과 관계가 있습니다. 이렇게 경제성장주의는 위험한 것입니다.

지그문트 바우만은 유대인 학살을 근대주의의 필연으로 봤지만, 한편으로는 민주주의의 부재 때문이라고 말한 적이 있습니다. 앞에서 말한 고르게 가난한 사회를 꿈꾸지 않는다면 민주주의는 언제나 위태로울 수밖에 없습니다. 경제성장주의라는 것은 각자의 마음에 황금을 숭배하자는 것 아닙니까? 역사적으로 그런 민주주의는 다 망했습니다. 유럽은 양차 대전이라는 혹독한 대가를 치르고서야 제국주의 단계에서 조금씩 철수했던 겁니다. 유럽의 양차 대전이나 독일의 유대인 학살이나 그것은 결국 다 경제성장을 추구하느라 민주주의를 포기한 때문 아닌가,

저는 의심 중입니다. 물론 역사를 단순하게 해석해선 안 되죠. 하지만 민주주의가 항상 위태로운 근본 원인이 무얼까 고민한다면 결국 경제적 부의 추구와 민주주의는 전혀 어울리지 않는다는 교훈을 얻을 수 있다고 봅니다. 우리 상황도 마찬가지 아닌가요? 아시다시피 우리의 민주주의도 언제나 위태롭지 않았나요? 좀 됐다 싶으면 어김없이 퇴보가 일어나곤 했죠. 지금도 그 한복판에 있는 셈이고요. 왜 그럴까요? 우리가 여전히 황금을 추구하고 있기에 그렇다고 저는 봅니다.

다른 면을 보자면, 경제성장으로 인한 생태계의 파괴가 민중의 민주주의 역량을 좀먹은 게 아닌가도 싶습니다. 생태계가 살아 있다는 것은 내가 아닌 타자를 존중하고 돌보고 그의 말을 경청한다는 것 아닐까요? 사실 자연이 보존되어 있을 때 인간의 내면은 그나마 평화를 느끼고 존재의 충만도 경험하게 됩니다. 이런 내면 상태에서는 어쨌든 타자를 짓밟으려는 욕망이 일지 않거나 최소화되거나 공동체가 제어 가능합니다. 이런 균형이 깨졌을 때 인간의 마음은 난폭해집니다. 민주주의는 단지 제도나 법규나 형식의 문제가 아닙니다. 근원적으로 보면 우리 영혼의 문제입니다. 영혼이 병들면 병든 영혼이 공동체에 저지르는 일들을 막기 위해 제도와 법규가 필요하게 되죠. 따라서 제도와 법규로 공동체가 운용될수록 민주주의와 멀다고 생각합니다.

김권식   '시인의 마음'으로 김종철 선생에 대해 어떤 느낌이나 말씀을 독자들에게 해주실 수 있을까요?

―'시인의 마음'은 김종철 선생님이 하신 말씀이죠. 그것을 받아서 제가 김종철 선생님의 사상과 실천적 열정을 '시인의 마음'으로 해석한 거고요. 이에 대해서는 굳이 제 말을 보탤 것이 아니라 김종철 선생님의 말을 직접 들어보는 게 좋을 것 같습니다. 『땅의 옹호』에 실린 「시인의 큰 마음」의 한 단락입니다.

> 시인은 마음을 크게 갖는 사람이라는 말입니다. 이것은 자기가 제일이라고 뽐내는 나르시시즘과는 정반대로 우주 속에서, 그리고 모든 별과 해와 달과 구름과 바위와 바람과 흙과 더불어 있는 인간의 궁극적인 운명에 대한 내적 성찰로 이어지는 마음이란 것은 두말할 필요가 없습니다. 이러한 마음의 교류를 통해 우리는 한결 인간성이 고양되는 느낌을 갖는데, 이와 같이 '큰 마음'을 갖고, 또 그러한 마음이 사람과 사람 사이에서 교류가 가능하다는 것 자체가 이미 신비 중의 신비가 아닌가 싶습니다. 저는 그런 종류의 신비로움이야말로 우리의 삶이나 예술을 근원적으로 있게 하는 토대가 아닌가 생각합니다.

대-화
2

글쓰기의 욕망에 대하여

황 섭   글을 잘 쓰고 싶습니다. 문장을 다루는 데에 어떤 나름대로의 규칙이 있는 건지요.

─글을 잘 쓰고 싶은 욕망들이 눈에 자주 띄는 것 같습니다. 예전에도 그랬는데 제가 몰랐던 것인지 아니면 정말 요즘의 현상인지 그것은 잘 모르겠지만요. 그 때문인지 글쓰기 관련 책들도 꾸준히 나오고 이런저런 강좌도 생기고 그러는 것 같습니다. 우리도 잠깐 함께 공부했잖아요? 글을 잘 쓰는 데 또는 문장을 구사하는 데 무슨 규칙이 있다고는 생각하지 않습니다. 물론 이렇게 말하면 초보자(?)에게는 답답한 답이 될지도 모르겠지만요. 아주 무난한 답은 꾸준히 쓰는 것이죠. 꾸준히 읽고 꾸준히 쓰는 것, 그리고 꾸준히 생각하는 것.

말을 잠시 돌려보죠. 우리는 틀에 박힌 학교 교육 때문인지 몰라도 정답을 찾는 일이 너무 익숙해져 있는 것 같습니다. 그런데 사실 중요한 게 과정 아닐까요? 당연히 어떤 일을 하는 과정은 울퉁불퉁하지 평탄하지 않습니다. 평탄함을 원하는 사람이라면 아마 두 가지의 경우일 겁니다. 하나는, 지금까지 사는 과정이 정말 평탄하지 않아서 이제 평탄하고 싶다는 욕망을 가질 수 있죠. 또 하나는 과정은 중요치 않게 생각하고 달콤한 정답만을 추구하는 성급함, 결과지상주의에 물들어서일지도 모르지요. 그런데 제 경험으로는 글쓰기에서 평탄한 과정, 평탄한 시간이라는 것은 존재하지 않습니다. 우리는 뛰어난 작가의 결과물만 바라보고 숭앙하는 경향이 있습니다만, 그것보다 먼저 그 작가가 거기에 도달하기까지 어떤 힘듦이 있었을까는 상상해보는 것이 중요합니다.

지금 질문하신 문장(文章)이라는 말의 장(章)의 뜻에는 문채(文彩)도 포함되어 있는데, 여기서 다시 채(彩) 자를 보면 무늬, 색깔이라는 뜻을 가집니다. 우리는 일반적으로 문장이라고 하면 글의 구성을 그리고 문채라고 하면 문장에 도는 빛깔 혹은 무늬를 가리킵니다. 문체(文體)라는 단어도 있는데 이것은 사전적으로 보면 "문장을 통해 드러나는 필자의 개성이나 특징"이라는 의미입니다. 한 작가가 도달한 문장의 어떤 지평을 우리는 문체라고 부릅니다. 문장이나 문채에서 문체에 이르는 과정은 결국 글을 쓰는 사람의 일부가 담겨 있는 법입니다. 아무래도 처음 쓰는 분들은 꾸미려는 경향이 있을 겁니다. 왜냐면 문체를 가진 작가의 작품을 읽은 기억 때문에 문장은 으레 그래야 한다고 생각하고는 하죠. 그 문체가 꾸밈 때문에 만들어진 것이 아닌데도 말입니다. 물론 예술을 아름다움과 연결시키는 뿌리 깊은 관성이 우리에게는 있고 적잖은 작가들이 여기에 얽매여 있다고 저는 봅니다. 하지만 이 미학주의는 자기를 꾸밀 수는 있지만 자신을 변화시키지 못할 겁니다.

말이 길었는데요, 문장을 다루는 데 정해진 규칙은 없습니다. 저는 문장을 다루는 데 제발 학교 교육의 틀을 벗어났으면 좋겠습니다. 삶에 규칙이 없듯이 문장에도 규칙이 없습니다. 제가 문장에 대한 질문을 받고 문채와 문체를 말한 것은 그 때문입니다. 자신의 삶에 규칙 대신 무늬를 그려 넣어야 하듯이 문장에도 그래야 한다고 봅니다. 어차피 삶은 규칙이나 꾸밈이 아니라 자신의 성격이나 생각 때문에 변합니다. 그렇다면 규칙을 거부한 삶에 어떤 무늬와 성격을 부여해야 할까요? 저는 이 과정이 곧 글쓰기 과정이라고 생각합니다. 저는 개인적으로 책 한 권 가졌으면 하는 소망을 가진 사람보다 지금보다 글을 더 잘 쓰고 싶다는 욕망을 가진 사람을 더 신뢰합니다. 왜냐면 글쓰기에 대한 욕망은 자신의 삶에 대한 진실한 욕망일 가능성이 크거든요. 물론 욕망은 언제나 위험합니다. 따라서 그 욕망이 우리 자신을 어디로 끌고 가는지 그 고삐를 잘 잡고 있어야 합니다.

황 섬 글을 쓰다 보면 나의 말투나 성정들이 드러나는 것 같아 자칫 부끄러워지는데요, 글과 나의 간극은 어느 정도 거리를 둬야 하는 걸까요. 아니면 '글 = 나' 이대로도 좋을까요?

—뭐 사실 앞의 대답에서 이번 질문에 대한 답은 거의 나온 것 같습니다. 글은 글쓴이의 일부입니다. 글과 글쓴이가 전혀 다르다는 것을 우리는 어떻게 받아들일 수 있을까요? 당연히 문장에 자신의 말투나 성정이 드러나기 마련인데요, 문제는 말투나 성정이 단지 습관이나 순간의 감정이라면 곤란하겠지요. 우리는 지금 상태 자체가 곧 자신이라는 함정에 자주 빠집니다. 맞아요. 지금의 내 습관이나 감정도 나 자신이죠. 하지만 그 '나 자신'이라는 것은 그러면 어떻게 만들어지는 것일까요? 태어날 때부터? 그렇지는 않겠죠? 물론 태어난 바탕은 있을 것입니다만 그 위의 건축물은 살아가면서 만들어집니다. 비유하자면 대지는 기질적인 것이고 그 위의 건축물은 사회적, 문화적인 것일 가능성이 큽니다. 당연히 그것이 태어난 바탕과 무관하지는 않을 겁니다.

글과 자신 사이에 간극을 두려고 글을 쓸 때 무리하게 노력할 필요는 없다고 봅니다. 글을 짤 쓰는 비결은 의외로 글을 쓰는 순간에 있는 것이 아니라 글을 안 쓸 때 있을지도 모릅니다. 즉, 글을 안 쓸 때 무슨 생각을 하고 무엇에 관심을 갖고 있는지, 그리고 자신의 삶이 추구하는 바가 무엇인지, 그러기 위해서 '지금' 무엇을 하고 있는지…. 여기에 글을 잘 쓰는 비결이 있을 수 있다는 거죠. 제가 요즘 생각해낸 비유에 따르면, 저는 요즘 이런 비유를 생각하는 재미에 빠져 있는데요, 평소에 밭을 잘 갈고 퇴비도 잘 내서 기름지게 해놔야 농사도 잘 되는 법입니다. 밭에 자갈이 많은데 농사가 잘될 리가 없지요. 돌을 골라내고 밭을 잘 가는 과정에서 '나(ego)'가 많이 비워지게 마련입니다. 땀을 흘리는 과정에 빠져 버리기 때문이죠.

글을 너무 잘 쓰려 하지 말고 진실하게 쓰려고 해보세요. 즉 자기 자신과 대화하듯이 말입니다. 예전에는 일기를 쓸 때 참 솔직하게 썼잖아요. 자신과의 귓속말이었으니까요. 현대는 저 자신도 그렇지만 드러내기 위해 글을 쓰지요. 그래서 진실한 마음에서 점점 멀어지는 듯합니다. 요즘은 탈진실(POST-TRUTH) 시대라고 하는데, 우리가 자신과의 대화보다 너무 드러내는 것을 좋아해서 그런 것은 아닌지 마음이 무겁습니다.

황 섬 간혹 백일장 대회가 보이는지라 용기를 내보고 싶습니다. 백일장에서 심사위원들이 뽑아줄(?) 글은 어떤 것일까요? (너무 날로 먹으려 해서 죄송합니다)

— 백일장이든 무슨 자리든 참여하는 것은 괜찮은 일이라고 봅니다. 글을 쓴다는 것은 결국 누군가에게 읽히고 싶다는 욕망이 반이니까요. 그래서 일기와는 다른 것이죠. 저는 글쓰기가 자신

과의 대화이면서 타인과의 대화라고 봅니다. 글을 쓸 때는 물론 자신과의 대화가 앞서야 합니다. 즉 자기 자신에게 말을 한다는 마음으로 써야 하는 것이지요. 그런 다음 누군가에게 보이고 싶은 것은, 결국 당신 나랑 대화 좀 하자, 이거거든요. 당신 어제 뭐 했어? 왜 그렇게 했어? 이런 취조 같은 대화 방식보다, 나는 이렇게 생각해, 하면서 말을 거는 것은 백배 천배 훌륭한 겁니다. 물론 대화니까 상대방의 입장이나 의견도 들어야 하지요. 이게 저는 글을 읽은 사람이 할 수 있는 조언이나 비평이라고 생각합니다. 당연히 글쓰기는 타자와 나 사이에 무슨 타협을 보자고 하는 것은 아닙니다. 그러니까 상대방의 조언이나 비평을 다 받아들일 필요도 없고 받아들여지지도 않지요. 하지만 그 대화의 흔적은 글을 보여준 사람의 어딘가에 남기 마련입니다.

백일장 같은 데에 참여하게 되면 당연히 좋은 결과를 기대하기 마련입니다. 내가 어느 정도인지 객관적으로 검증 받고 싶은 것은 나무랄 일이 아닙니다. 사실 훌륭한 작가들도 알게 모르게 그런 과정을 다 거친 이들일 겁니다. 그런데 심사위원들에게 뽑힐 글이 뭔지는 아무도 모릅니다. 그것을 안다는 것은 일종의 답안지 사전 유출인데, 글쓰기에는 정답이 없으니 다행히 답안지 사전 유출 같은 부정은 존재할 수 없습니다. 백일장에서 주제가 주어였을 때, 심사위원들이 어떤 류의 글을 좋아할까 생각하게 되면 이미 반은 낙제를 안고 들어가는 겁니다. 주제가 다행히 자신의 깊은 경험과 관계 있다면 굉장히 유리하겠지요. 하지만 사람은 세상 모든 일을 경험하고 살 수가 없는 존재고, 그렇게 되면 아마도 단명하고 말 겁니다. 우리는 살면서 좋은 것만 경험하지 않으니까요.

그래서 지금 하신 질문에 대한 제 대답은 결국 다시 제자리로 돌아옵니다. 앞에서 말했듯 평소에, 그러니까 글을 쓰지 않는 순간을 잘(?) 사는 겁니다. 이것저것에 대해 고민하고 책을 읽고, 직접 찾아가 보고 하는 경험의 누적은 백일장에서 주어진 주제에 딱 맞게 부합되지는 않을지라도 그러지 않을 때보다 훨씬 더 풍부하게 다룰 수 있을 겁니다. 글은 결국 평소의 생각의 양과 깊이에 따라 써집니다. 심사위원이 심사에 임할 때 정성을 갖고 그런 글을 알아보는 눈을 가졌다면, 결과는 스르르 자신도 모르게 얻어질 겁니다.

황 섬　　　글을 잘 쓰려면 책을 많이 읽으라고 하는 이야기를 수도 없이 듣습니다. 글쓰기와 책읽기의 관계에 대해서 조금 더 자세히 설명해주세요.

—이 말은 저에게서도 들은 말이지요? 그래서 이번에는 다르게 말해볼까 합니다. 글을 잘 쓰려면 책을 많이 읽기보다는 깊이 읽기를 권합니다. 그런다고 아무 책이나 깊이 읽을 수는 없지요. 이것은 당연합니다. 깊이 읽고 싶어도 두 번 읽기 힘든 책은 무

수합니다. 너무 가벼워서도 그렇고 너무 무거워서도 그렇습니다. 결국 책 읽기는 깊이 읽을 책을 찾아 나서는 또 하나의 여정일 겁니다. 제가 살면서 두 번인가 들은 이야기가 있는데, 다른 작가를 따라 하면 안 되니까 책을 많이 읽지 않는다는 말이 그것입니다. 절대 해서는 안 될 생각입니다. 남을 모방하는 게 두려우면 글을 쓰지 말아야죠. 우리는 결국 역사 속에서 존재합니다. 그래서 하고 선대(先代)의 유산과 아픔도 우리를 구성하고 있지요. 그것을 모방할까봐, 멀리한다? 저는 도리어 그 유산과 아픔을 가급적 많이 받아 안아야 한다고 생각합니다. 그러려면 깊이 읽는 것은 필수입니다. 그런데 무슨 책을? 그것은 스스로 찾아 나서기 바랍니다.

결국 책 읽기도 대화입니다. 제가 자꾸 대화를 강조하는 것은 우리에게 대화가 부족해서가 아닙니다. 대화의 양식이나 질이 문제지요. 온갖 가벼운 말들, 지키지 않아도 되는 약속, 무거우니까 지지 않으려는 짐… 이런 것들은 사실 대화가 아닙니다. 제가 기독교인도 아니면서 자주 드는 일화가 예수의 기도입니다. 예수는 갈릴리 민중들을 치료하고, 함께 밥 먹고, 말을 나누고 하다가도 툭하면 기도하러 갑니다. 하느님과 대화하고 싶어서요. 죽기 전에도 그러죠. 정말 꼭 제가 죽어야 합니까, 하는 기도를 올리면서 정 그러시다면 당신 뜻대로 하소서. 이리 말하죠.

우리가 『비극의 탄생』을 공부할 때, 제가 강조했던 구절 기억나요? 이 자리서 다시 한번 읽어보도록 합시다. 저는 이 구절이 이상하게 뜨겁습니다. "지금 '그리스의 명랑성'에 대해 말해도 좋다면, 그것은 어려운 것을 책임지지 않고, 원대한 꿈을 추구하지 않으며, 지나간 것이나 미래에 올 것을 현재 있는 것보다 높이 평가하지 않는 노예들의 명랑성인 것이다."

황 섬   책을 내고 싶습니다(작가가 되고 싶습니다). 어느 정도까지 글쓰기 실력이 올라와야 출판사 문을 두드릴 수 있는 걸까요. 그리고 어떤 인맥(?)과 어떤 방법의 루트를 타야 책을 낼 수 있는지 알려주세요.

―이런 솔직한 질문은 당황스럽기도 하고 난처하기도 합니다. 보통 음악 하는 분들은 음반을 내고 그림을 그리는 분들은 전시회를 하는 게 그 출발선이라고 하던데, 글쓰기는 애매한 점이 있거든요. 먼저 작가가 된다는 것을 우리 세대는 소설가가 되거나 시인이 된다는 것을 의미했고 그 방법과 루트는 이른바 등단이라는 것을 해야 했습니다. 그런데 사실 이 등단 제도도 만들기 나름이었죠. 하지만 아무리 그렇다 하더라도 막말로 '알아주는' 관문이 있었고 크게 알려지지 않은 관문도 있었습니다. 저 같은 경우는 그게 등단 제도인지 뭔지도 모른 채 시작한 케이스인데 무슨 자존심인지 다른 관문을 그 이후로 두드려 본 적

이 없습니다.

그런데 언제부터인가 작가라는 말도 그 의미가 많이 달라진 것 같아요. 저도 처음에는 좀 낯설었는데 그러든가 말든가 세상은 변해가는 법입니다. 작가는 작(作), 짓는 사람이죠. 짓는 것은 보통 작품을 만드는 것을 가리킵니다. 하지만 저(著)는 쓴다, 기록한다는 뜻입니다. 물론 '지음'이라는 의미도 있지만 예를 들면 문학작품이 아닌 책은 보통 저서라고 부르고 그 사람을 저자라고 부릅니다. 반면에 문학작품을 책으로 내면 작가라고 부릅니다. 여기에는 등단 제도 같은 것은 무의미합니다. 이미 책을 낸 출판사에서 그럴 만한 가치가 있다고 판단했기 때문입니다. 물론 출판사에게 누가 그런 자격을, 어떻게 준 것이냐고 물을 수는 있지만 쓸데없는 질문입니다. 그런 자격은 어차피 사회적으로 문화적으로 만들어지는 것이고 그것을 추적하는 일은 무의미합니다. 그런데 요즘에는 책을 낸 사람 모두를 작가라고 부릅니다. 세상 사람들이 그렇다면 문학 하는 사람들이 굳이 반대하고 이견을 내 봐야 아무 필요 없어요. 이럴 때는 출간된 책에 대한 판단만 있으면 됩니다.

책을 내는 일은 글쓴이가 출판사에 보내서 그 타당성을 물으면 됩니다. 아주 간단하죠? 그러면 출판사에서 출간 여부를 살펴서 결정하는 거죠. 출간 여부를 따지는 관점은 여러 가지일 수 있습니다. 그것은 제가 여기서 무엇이라고 말하기 힘든 부분입니다. 다만 요즘처럼 책이 안 팔리는 상황에서는 아무래도 팔릴

만한지를 깊이 따질 겁니다. 이것은 돈을 투자해야 하는 출판사 측에서는 아주 중요한 사항입니다. 가장 최선은 글이 좋고 거기에다 독자들이 좋아할 만한 내용이거나 형식이겠죠. 그럼 그에게 무엇이냐는 질문에는 정확하게 답할 자신이 없습니다. 그리고 여기에서 다룰 문제도 아닙니다.

중요한 것은 질문하신 것 중 "글쓰기 실력"인데, 이 글쓰기 '실력'에 대해서는 제가 앞에서 다 말한 것 같습니다. 정량적으로 판단하기 힘든 부분이라 명확한 답이 불가능할 겁니다. 다만 한 가지는 분명하게 말할 수는 있습니다. 글쓰기를 평소에 꾸준히 하면 언젠가는 자신이 가진 역량만큼 대접을 받을 거라는 겁니다. 그렇다고 그 대접이 어느 정도인지는 말하기 힘듭니다. 요즘은 어찌 됐든 활짝 개방된 사회잖아요. 다만 지금처럼 출판 시장 상황이 안 좋으면 그 기회는 줄어들 수 있겠지요. 그런데 출판 시장이 안 좋다고 글을 쓰는 사람이 사라지지는 않을 것 같습니다. 인간은 누가 뭐라 해도 언어로 자신을 표현하거나 그 표현을 통해 타자와 대화하지 않으면 살 수 없는 존재거든요. 중요한 것은 그 표현의 양식이나 내용이겠지요. 그리고 이른바 "글쓰기 실력"이라는 것은 표현 양식과 내용이 서로 잘 어울리는 글일 겁니다. 개인적으로는 문장이 단단하고 생동감이 있는 글을 좋아합니다. 미문(美文)은 어딘가 좀 불안해요.

황 섬　　　　SNS는 과연 글쓰기의 연습장이 될 수 있을까요. 혹은 SNS로 협업, 제안들 많이 하시던데, SNS 글쓰기에 대한 철학이나 기준이 궁금합니다.

― 저는 권하지 않습니다. SNS 글쓰기는 제가 강조하는 '자신과의 대화'가 되기 어렵기 때문입니다. SNS를 '사회관계망'이라고 부르듯이 SNS 글쓰기는 사회적인 드러냄이 주가 되는 것 같습니다. 사회적인 드러냄이 문제가 있다는 게 아니라 '자신과의 대화'가 빠진 이 사회적 드러냄은 언젠가는 자신이 피폐해졌다는 것을 알게 할 겁니다. 그나마 이성적인 사람이라면요. 하지만 SNS를 통해 동무를 만날 수도 있고, 별도로 협업을 할 수는 있지요.

　SNS에 대한 이야기는 아주 본질적인 문제로 우리를 인도할 겁니다. 제가 말하는 본질적인 문제가 무엇인지 황섬 씨는 잘 아시죠? 다만 여기서는 다루기 복잡한 주제니까 미뤄둘 뿐입니다. 저는 SNS가 그냥 평범한 놀이터라고 봅니다. 여기서 좀 놀다가 다른 동무들하고 약속을 다시 잡을 수도 있고, 다른 일을 이어갈 수도 있을 겁니다. 그리고 이 놀이 방식 중에 자신이 쓴 글을 올리거나 자랑을 할 수도 있습니다. 하지만 반대로 제약 사항도 많지요. 아무튼 자신이 쓴 글을 SNS에 올리고 하는 것은 SNS가 하나의 미디어인 이상 별문제는 되지 않지만 SNS에서 가볍게 글을 쓰는 방식의 'SNS 글쓰기'는 놀이 이상의 의미는 없다고 봅니다.